# QUIERO SER TU INSPIRACION

Edna Zalenski

T0406866

| Número de Control de la Biblioteca del Congreso de EE. UU.: | | 2014910577 |
| --- | --- | --- |
| ISBN: | Tapa Dura | 978-1-4633-8649-8 |
| | Tapa Blanda | 978-1-4633-8648-1 |
| | Libro Electrónico | 978-1-4633-8647-4 |

**Para realizar pedidos de este libro, contacte con:**
Palibrio LLC
1663 Liberty Drive
Suite 200
Bloomington, IN 47403
Gratis desde EE. UU. al 877.407.5847
Gratis desde México al 01.800.288.2243
Gratis desde España al 900.866.949
Desde otro país al +1.812.671.9757
Fax: 01.812.355.1576
ventas@palibrio.com
618097

# ÍNDICE

# DEDICATORIA

Quiero ser tu inspiración la dedico a mis estudiantes, niñas que aspiran realizar el sueño americano y que por circunstancias diversas sienten que aunque este es un gran país, tendrán que ser fuertes y determinadas para ser mujeres de éxito. Esa es la verdadera razón, por lo que sus madres trabajan arduamente.

Siempre seré la maestra y consejera de las todas aquellas jóvenes que quieran escuchar un consejo de la señora Zalenski.

# RECONOCIMIENTO

Para todas aquellas mujeres que dejan sus países de origen arriesgando más que su vida para poder alcanzar el sueño acariciado de un mejor porvenir.

Agradezco la sinceridad que encontré en cada persona que me brindara su apoyo en este proyecto que empezó como una simple conversación entre amigas.

Mi mayor deseo es que cada mujer se quiera asimisma para que los demás nos traten con dignidad.

# PROLOGO

Tenemos que conformarnos total, somos simplemente unas mujeres que ya, nos estamos poniendo viejas, que no tenemos suficiente preparación académica y por ende no se nos da ni siquiera, el derecho a tener aspiraciones.

El hecho de sufrir cambios físicos y emocionales muchas mujeres sienten limitaciones extremas as hasta el grado de sentir discriminación como mujer, en el campo profesional y hasta en el medio ambiente que les rodea pero, **"EN QUIERO SER TU INSPIRACIÓN"** presento la historia de un grupo de mujeres que me han dicho **"SI LO LOGRE"** porque reconocen que a pesar de muchos obstáculos sus metas han sido alcanzadas demostrando una belleza interior que no les impidió vencer su lucha contra un sistema social/económico que las hace sentir denigradas. Sin embargo con determinación han alcanzado respeto y admiración de todos los que les conocen. Mi deseo es que estas mujeres sirvan de ejemplo para que muchas otras que se sienten oprimidas vean que con esperanza, surge la fe y esa se convierte en acción que llevan al éxito.

Mis protagonistas tienen diferentes edades, nacionalidades, con situaciones muy particulares y personales pero que han convenido compartirlas conmigo y ustedes, que son mis lectores conozcan por medio de estos relatos de una formula muy propia para triunfar y sentir que si son todas unas señoras y afirmar que querer es poder y queriendo se llegar a poder.

«QUIERO SER TU INSPIRACIÓN» conoceremos relatos veridicos aunque tenga que cambiar algunos detalles, aqui se expresa el relato sincero de mujeres que han pasado fronteras y han derribado obstaculos y hoy en la plenitud de sus vidas levantan su frente y testifican que se sienten dignificadas y reconocidas ocupando el lugar que les corresponde en nuestra sociedad. Espero contribuir muy humildemente al reconocimiento de la mujer, especialmente de las latinas en los Estados Unidos de que, tienen derecho al "SUENO AMERICANO".

# A PUROS TENIS LLEGUE A NEW YORK

La historia de Iris Suyapa es es digna de ser el primer relato ya que la conocí en una forma muy especial. Simplemente fue el destino y Dios que me pusieron en mi camino a esta paisana mía. Sucedió en la calle treinta y cuatro de Nueva York. Es la misma calle donde esta la gran tienda "Macys". En esa misma zona estaba en esa época las oficinas del consulado de nuestro pais al cual. Acudí para tramitar un permiso especial para que mis hijas que aun eran menores de edad viajaran solas y solo ahí podía tramitar una carta poder. Salí decepcionada al comprobar que aun estando esta oficina en New York, la llamada capital del mundo y la gran manzana, pareciese que estaba en mi pais donde todo hay que rogar y hasta pagar más por un simple trámite.

Me llamo la atención ver a una muchacha casi en la entrada de la tienda vendiendo tamales en una mesita donde tenía la bandera de nuestro pais. Me acerque y comprobé que así como había escuchado ella anunciaba que los tamales eran al estilo de nuestro pueblo y ella vociferaba como si los estuviera vendiendo allá. Parecía conocer el lugar y hasta clientes tener. Entable conversación con la vendedora y sin mucha dificultad comenzamos a conversar dándonos cuenta de que éramos del mismo pueblo, que habíamos graduado en la misma escuela secundaria. Nos divertimos recordando a la directora de la escuela por ser tan estricta pero si coincidimos en que habíamos aprendido mucho. Iris Suyapa cambio de momento al volver a su realidad diciéndome que quizás algún dia me contaría como había salido de nuestro pais y llegado hasta ahí cerca de la tienda más famosa del mundo en donde nunca había comprado nada porque con la venta de los tamales a duras penas le alcanzaba para sobrevivir en esta ciudad llena de edificios altos. Me sentí muy mal porque yo creía que había pasado trabajo para obtener mi residencia legal pero presentía que la experiencia de Iris Suyapa era mucho más dramática que la mía. Le propuse que aunque vivía en New Jersey ella y yo podríamos iniciar una amistad sin saber que lo que ella me contara más adelante me convenciera de que valía la pena escribir este libro.

La sencillez de Iris Suyapa me conmovía ya que aceptaba con dignidad y valentía el tener que luchar dia a dia vendiendo tamales ya que no había podido encontrar otro trabajo por los momentos ya que no tenía la ansiada "Green Card" que todos los inmigrantes necesitamos para poder obtener un empelo en este pais. Se conformaba al decirme que al menos lo que hacía le alcanzaba para pagar un cuarto que compartía con otros paisanos y también para mandarle a su mama que hubiera dejado en nuestro pais.

----Me prometí a mi misma hacer algo para ayudar a mi nueva amiga y poco a poco nos empezamos a conocer y a reunirnos para que ella me contara como había viajado desde nuestro terruño y llegado hasta el lugar donde está la estatua de la Libertad buscando realizar el sueño que según dicen popularmente solo lo encontramos en "Gringolandia".

La invite a visitarme a mi casa y aunque yo vivía muy humilde si había alcanzado una posición que para muchos era de éxito porque termine mi educación superior y me desempeñaba como educadora. Me case para formar una familia y poco a poco veía mis metas realizarse. Yo le asegure a Iris Suyapa que a ella también las cosas iban a mejorar. Y dándonos un fuerte abrazo así comenzó su relato:

Mi nombre es Iris Suyapa, naci en un barrio marginal donde todos se conocen y donde se comparten los sueños. Crecí viviendo con una fiebre colectiva, de esas que entran en el cuerpo y no se sale fácilmente, atacando a los niños especialmente porque no hablábamos de otra cosa sino de irnos a probar suerte a los Estados Unidos. Uno por uno nos prometimos que al crecer y tuviéramos edad suficiente de salir del país nos iríamos hacia el norte cruzáramos por México o porque no viajar por Canadá, planeábamos irnos en camada y cruzar fuera como fuera la frontera. Es como mi historia comienza así:

A mis veintidós años ya había visto demasiadas películas en ingles con subtítulos en español y cuando terminaba de verlas, me decía a mí misma "Nadie me quitara o cambiara mis sueños de que algún dia podría ser yo, la que viva en esas mansiones que salen en esos filmes y tenga un carro lujoso esperando en la puerta para llevarme a recorrer Hollywood. Conocer a uno de esos actores que se enamoran de la muchacha pobre y como en el cuento de la Cenicienta terminan en un final feliz. Mi realidad es que quizás nunca salga de la miseria en que vivo y el cine es lo único que me distrae para no pensar y a escapar un poco de mi realidad.

Tengo una familia compuesta de un padrastro que por cierto es el numero tres. Ha vivido con mi mama por los últimos cinco años y del que por suerte he escapado de que abuse de mí. Existen dos hermanos mayores que yo, de quienes no se mucho y tampoco me acuerdo muy bien porque fueron separados de mi mama y llevados a los Estados Unidos cuando todos éramos muy chiquitos. Dos hermanas menores, una de quince años y la otra de ocho, ellas son hijas del mismo papá. Del primer marido mi mamá tuvo a los dos varones. El señor se fue a Estados Unidos, por falta de recursos y la mala comunicación con la familia que dejo en el país sembró la distancia y la frialdad entre ellos. Mii mamá se sintió sola que se unió al hombre que la embarazo de mi. Cuando su primer marido estando lejos se entero, terminó con ella. No sé nada de mi papá porque dice mi mamáa que él era casado y no reconoció su paternidad. Luego tuvo a mis dos hermanitas de un señor al que quise mucho y al único a quien consideraría como al padre que siempre necesité pero se murió dejándonos desamparadas. El último marido ha sido el peor, no sólo maltrata a mi mamá, también a mis hermanas y a mí. Nos infunde el temor de que en cualquier momento podría abusar de nosotras. Vigilo y trato de cuidar a mis hermanitas porque ellas estan indefensas pero muchas veces he sentido que aunque tiene el aspecto de un ratón mugriento es más fuerte y terminará por salirse con la suya.

De mi mamá no tengo queja pero a veces me resiente el pensar que ella podría solucionar nuestra situación familiar separándose de Teófilo que así se llama mi padrastro. El trabaja de noche conduciendo un taxi que le deja lo suficiente para mantener la casa pero como es un borracho empedernido mi mamá tiene que trabajar el doble para poder pagar el colegio de mis hermanas. Yo a duras penas terminé la carrera de secretaria y trabajo en un banco para sostenerme y ayudar un poco en los gastos de la familia. Sin embargo el acoso de Teófilo ya me está hartando que estoy considerando irme de la casa, sólo por el amor que le tengo a mis hermanas no lo he hecho. Aunque ganas no me faltan, por suerte él me he contenido. Yo le pelearía y hasta tanto matarlo si se atreve a tocarnos. Estoy segura de que en la mente de este hombre esta la tentacion por la forma en que mira a mi hermanita Sofía de quince años. Mi mamá trabaja de lunes a viernes en una casa de ricachones cuidando a una señora mayor que no puede caminar. Sábado y domingo lava y aplancha ajeno especialmente al hijo de la señora que cuida que es piloto. Ella llega tan cansada que lo menos que quiere es saber de los problemas que pudiese haber en la casa. Además me ha asignado a mí por decirlo así, los menesteres domésticos y el cuidado de mis hermanas.

Ya dije que vivimos en un barrio marginal. No es que sea un delito o me de vergüenza vivir en esta vecindad. Lo que sucede es que por estar en una zona de tanta pobreza, donde ni contamos con los servicios básicos de agua potable y luz eléctrica, la gente tiene que ir a jalar agua hasta dos kilómetros para que nos vendan unos cuantos botes al día. La luz la tenemos ilegal. Mucha gente la ha conectado robándola de los alumbrados públicos. Las calles no están ni siquiera bien alineadas y se construyen casas por donde se puede. En realidad esta colonia se originó después de invadir unos terrenos que estaban sin uso y que unas cuantas familias decidieron apoderarse de ellos a la brava levantando chozas que, con el tiempo se han ido convirtiendo en viviendas de madera o de ladrillo. Algunos vecinos construyen con la ayuda de parientes que viven en otros lados (la mayoría en los Estados Unidos) y mandan dinero. La casa de nosotros comenzó siendo de tres cuartos que servían de sala comedor-cocina con un cuarto de dormir. antes de que Teófilo llegara a nuestras vidas como sólo éramos mujeres, todas dormíamos en una sola pieza. Hubo necesidad de que yo pidiera un préstamo en el banco para el cual trabajo y construir una pieza más que comparto con mis hermanas. Con esas mejoras en la casa, no estamos tan apretadas pero igual no tengo privacidad y esto me entristece creo, que tengo derecho a gozar de mi propio espacio. En fin no tiene caso quejarme, Dios es bueno con mi familia. Por las circunstancias ya descritas los años parecen irse muy lentos y las oportunidades también no llegan fácilmente para mí. Mi mamá pagó mis estudios a duras penas y gracias a que yo no me enredé con ningún hombre que es lo más frecuente y común en mí barrio. Asi evité el salir con un "domingo siete" o sea quedar embarazada. Ya me estoy sintiendo presionada sin contar con el apoyo que necesito. Digo lo normal es tener un novio, un marido, un amigo o amigas que me ayuden a ver la vida con alegría pero, como según el dicho no "hay mal que dure cien años" mi esperanza es que mi destino cambiara a mi favor en cualquier momento.

En época de navidad muchos de los que viven en los Estados Unidos regresan de vacaciones para pasar las festividades con la familia que han dejado en el país. Este año algo iba a cambiar en mi vida. Ya he dicho que algunos de mis amigos y amigas se han aventurado a cruzar las fronteras hasta llegar a "América". Pues bien no sólo esos amigos han venido, mis hermanos también. se acordaron de mi mamá y vinieron el mero veinticuatro de diciembre trayendo unos regalitos para nosotras. Rolando tiene 30 años y Gerardo veintisiete. El papá de ellos se fue por los años ochenta a la ciudad de Nashville, Tennessy. Estuvo dos años ahí donde no le fue fácil abrirse camino, no se comunicaba frecuentemente con mi mamá por lo que ella creyó que ya la había abandonado con los dos varones. Resultó que cuando el vino con la idea de llevarse mi mamá ya estaba a punto de dar luz conmigo y él, por despecho le quitó a los dos niños llevándoselos y distanciándoles y, por un buen tiempo ellos no se comunicaron con mi mamá y a mí en realidad nunca me conocieron. Yo crecí viendo una foto descolorida, la única que tenía mi madrecita de ellos que se las tomó antes de ellos irse. Casos como el mío podría decirse que son el pan de cada día porque ciertamente la miseria en latino América es tan grande que nos hace inmigrar para el norte sin considerar lo que queda tras de nosotros,

Imagínense en veintidos años esos hijos de mi mamá no la habían visitado. Ella lloraba en silencio porque al fin madre es y, nunca olvidó a sus muchachitos como ella los llamaba. Mi madre apenas sabe leer y escribir y se ha dedicado toda su vida a procurarnos un techo aunque humilde pero decente y se ha preocupado porque terminemos una carrera de educación secundaria para que al menos no trabajásemos de sirvienta doméstica como ella. Los patrones de ella la tratan muy bien pero hasta ahí llega la cosideracion, nunca le han apreciado como para ayudarle al menos a que aprendiera a que en la vida se puede tener aspiraciones. La gente rica de nuestros países, la desigualdad social es tan grande, posiblemente yo nunca vea que a los pobres se nos tratara justamente simplemente somos buenos como servidumbre. Mi mamá ha sido tan leal a sus "patronos" para que le regalen ropa usada, sobras de comidas que mi mamá trae a la casa y que por su ignorancia piensa que es lo mejor que ella puede conseguir. Yo nunca le reprocho nada porque sé que somos la clase desprotegida. Una de mis mayores aspiraciones es conocer a mi padre biológico, pero hasta ahora no ha aparecido en mi vida. No le importe antes, ahora y no sé si habrá un futuro para mi junto a mi padre.

Hay una pausa obligada ya que Suyapa quien es la que esta compartiendo su historia, visiblemente le afecta hablar lo poco que sabe de su origen y yo lo entiendo por lo que tengo que dejar que ella sea la que reanude el relato en el momento que lo crea conveniente. Nuestra siguiente reunión sucedió unos dias después.

-----Volviendo a que en la época de navidad mis hermanos Rolando y Gerardo han venido de los Estados, tremenda sorpresa fue para mí encontrarlos en mi casa cuando regresaba del cine al que había ido con mi amiga Lolita y me encuentro a un señor y dos muchachos preguntando por mi mama. Que casualidad que me preguntaron a mi si conocía a Petrona López. Yo les contesée que yo era la hija de esa señora y así también yo les preguntaba ellos que quien era y para que la buscaban. Ni se me pasó por la casa que eran mis hermanos y el papá, no se parecían en nada a los de la foto que había en la sala de la casa pero de niños, ya son todos unos hombronazos.

Todos nos encaminamos a la casa donde mi mama estaba aplanchando. Cuando vio a los tres hombres soltó la plancha que quedó en el aire, Gerardo haló a mi mamá evitando que le cayera en los pies y casi se quema. Yo estaba un poco confundida por lo que pasaba en ese instante pero entendí que el instinto de una madre no miente y ella en cuanto vio a los visitantes supo que eran sus muchachitos. El señor mayor, primer esposo de mi mamá ya estaba canoso y se veía bien serio. Fue cortes con mis hermanas y conmigo pero si se veía que no venia por su propio gusto y quizás solo estaba ahí a petición de sus hijos.

Parecía una escena de telenovela. Mis hermanitas estaban viendo televisión y Teófilo que también estaba en la casa salió del cuarto y que por ser sábado había encerrado temprano el táxi ya estaba borracho, haciendo una escena indecorosa que me lleno de rabia y vergüenza porque al final y al cabo esos dos muchachos eran sangre mía y de mis hermanas ya que habíamos estado los cinco en el vientre de la misma mujer.

El padre y el hijo se llamaban igual, él le explicó a mi mamá que los muchachos ya estaban mayores y querían de alguna forma retribuirla a ella por todos los años y la distancia que él había impuesto a los tres pero que ya el estaba Viejo y enfermo que deseaba arreglar las cosas con ella para poder estar en paz. El ya había encontrado otra pareja, tenía un tercer hijo también ya grande y, que se había quedado en Estados Unidos con la mama. La señora había criado a mis hermanos y convenció a don Rolando de que sus hijos mayores vinieran a ver a su progenitora, recuperar todo el tiempo que había pasado sin ella. Mi mamá no dejaba de abrazarlos, besarlos y de repetir cuanto los había extrañado y que siempre los llevaba en su mente y el Corazón. Que mantenía la esperanza de volver a verlos algún día y que esta navidad el niño Dios le había dado el mejor regalo de toda su vida.

Mis hermanas y yo estuvimos por un momento casi arrinconadas sin decir una palabra y sin ser tomadas en cuenta. Teófilo se vio intimidado con la presencia de don Rolando. Este señor si se poseía mas educación y cultura de la cual, yo me sentí impresionada, me parecía difícil de creer que algún dia mi mama había tenido una relación con él.

Pasada la emoción del encuentro, mi mama pudo al fin presentarnos a nuestros hermanos. Ellos dijeron acordarse de mi recién nacida porque al poco tiempo de yo venir al mundo su papá se los llevó sin siquiera preguntarles cosa que hoy ya no ni tiene caso mencionar. Se alegraron de saber que tenían hermanas ya que el hermano menor también era varón. Yo no sabía ni que decir o que hacer. No estaba precisamente feliz pero tampoco estaba triste. No había rencor pero si confusión, ahora que iba a pasar en nuestra existencia?

Como pude les hice café que mi mama ofreció. Eso es lo único que se acostumbra brindar en nuestra casa porque si ni sabemos recibir visitas. Yo quería de alguna forma causar buena impresión a los que habían llegado porque venían de los Estados Unidos, la gente dice que allá se vive muy bien.

Los muchachos entonces se acordaron que en el carro habían dejado unas bolsas con cosas y regalos para mi mama, mis hermanas y hasta para mí. El señor Rogelio les había dicho a mis hermanos recientemente que tenían en total tres hermanas. Les dije que iría con ellos al carro porque sabía que ya los vecinos se estarían preguntando quienes eran ellos y los pandilleros ya estarían pensando en atracarlos pero si me veían con ellos no los molestarían. Asi son las cosas en los barrios pobres, si alguien extraño entra en la vecindad, no respetan y hubiera asegurado que ya habían echado mano robando el carro. Gracias que no fue así y mis hermanos no sufrieron ningún percance. Si se sintieron mal porque quizás la ropa que trajeron no seria de la talla correcta pero yo les dije que los regalos no era lo que nos importaba a nosotras sino ver feliz a mi mamá y tenerlos a ellos de vuelta a nuestras vidas por lo que se comprometieron diciendo que antes de fin de ano regresarían para invitarnos a comer en un restaurante y me emocioné sin pensarlo ya que nunca iba a comer a ningún lado. Por mi parte les ofrecí si ellos no tenían a nadie más que los paseara por la ciudad yo los llevaría a donde ellos quisieran. La familia de don Rolando no se relaciono con mi mama después que él se llevo a los muchachos. En realidad nunca la quisieron y ella a pesar de su falta de instrucción no ha permitido que la humillen por ello se alejó esperando pacientemente por este momento en que Dios le permitiera volver a tener a sus dos hijos mayores.

Exactamente tres semanas estuvieron de visita en nuestro país Rolando y Gerardo. Ellos no vinieron con ínfulas de superioridad y aunque yo algunas veces me sentía menos porque no tenía mucho roce social como ellos, me trataron muy bien y consintieron a las hermanas menores. Don Rolando fue muy respetuoso y trató de no confrontar a Teófilo, si prometió a mi mama tratar de ayudarle económicamente si ella pensaba en separarse de Teófilo porque vio rápidamente que nosotras no estábamos seguras al lado de él. No sé si mi mamá en realidad quería a Teófilo pero si puedo asegurar que aun sentía algo por don Rolando y le dijo que pensaría lo que iba a hacer por el bien de nosotras.

Mis hermanos me hablaron tanto de como era la vida de Nashville que sembraron en mi el deseo de yo migrar para allá pero no tenía la suerte de ellos que su papá se los llevó legalmente yo no tenía ni la más mínima oportunidad de conseguir visa para viajar y támpoco podía ahorrar lo suficiente para pagar un pasaje tan caro. Sólo el tiempo diría lo que el destino tenía deparado para mí. Lo que si sabía es que algo iba a suceder en mi vida y quizás con el año nuevo las cosas cambiarían para mí.

No solo como autora sino como inmigrante siento pasión al escribir éstas historias, en ellas hay algo muy pero muy mío y pienso que soy cada una de mis protagonistas que quieren inspirar a otros. El que a Iris Suyapa la titulé a puros ténis llegué a New York es porque me aseguró que así había sido.

------Si, el año nuevo cambió muchas cosas, mis hermanos me dejaron algún dinero para yo empezar los planes de irme al norte. No le dije a nadie mis intensiones porque no sabía lo que me esperaba y si fallaba no quería que mi mamá sufriera por lo que hasta dos dias antes de la fecha de salida se lo comuniqué. Ella me rogó que me quedara, que ahí estaba mi casita humilde y mi familia pero yo estaba determinada y ella respetó mi decisión dándome la bendición y diciéndome que iba a orar mucho por mí. Dejar a mis hermanas ha sido el dolor más grande ya que pienso en que Teófilo les pueda hacer daño pero mi madre me aseguró que las cuidaría y supe hace poco que ya no vive con ellas porque mi mamá lo encontró en el taxi besuqueándose con otra mujer. Gracias a Dios por ello y parece que mis hermanos están cumpliendo lo que le prometieron y ahora se comunican más a menudo con ella, le ayudan y así ella ya no trabaja tanto y puede pasar más tiempo con las niñas.

Salí un dia viernes de mi pueblo con un grupo de dieciocho personas más que como yo íbamos en busca de un mejor horizonte. Pasamos Guatemala sin mucho problema, llegando en cuatro dias a una de las ciudades fronterizas con México, ya que teníamos que ir parando recogiendo más gente, cosa que me molesto porque al haber tanta gente en un camión las condiciones del viaje eran precarias. En México se sufre, los hombres mexicanos al ver y saber que las mujeres centroamericanas venimos solas tratan de propasarse y a los coyotes que nos traen no les importa si somos abusadas, ellos lo único que quieren es que se les pague. Lo que toca en estas circunstancias es hacerse amigas unas con las otras para defendernos como se pueda. En mi grupo éramos nueve mujeres entre quince a cuarenta años y nos turnábamos para dormir, así vigilábamos y también para asearnos al menos, eso hicimos cruzando todo el territorio mexicano. Yo pasé por Nuevo México, como te dije no le había dicho a nadie que haría este viaje. Aunque tenía a mis hermanos en Tennessy, les iba a llamar hasta haber cruzado al otro lado, no me iba a arriesgar a meterlos a ellos en problemas. Creí que estaba haciendo lo correcto y para mis adentros mi plan estaba funcionando ya que avanzábamos rápido para hacer el cruce cuando los coyotes nos lo indicaran.

A llanto limpio Iris Suyapa me describió que tenía mucho miedo el cual fue el que más le impulsaba a seguir por el camino que le iban indicando los coyotes.

------No me acuerdo por cuantos lugares pasamos, nos cambiaban de vehículos. En cuanto viajábamos en furgones, otras veces en buses y hasta nos escondieron bajo verduras con la excusa de que así se engañaban a los de la "migra". Una noche se nos dijo que era el momento de cruzar y que cuando se nos indicara teníamos que correr sin detenernos. Yo le tenía pavor a la obscuridad y más sin saber a dónde estaba. Tenía a mi lado a una mujer embarazada de cinco meses, me dio pena pero ella parecía tan determinada que me hizo sentir avergonzada por no ser yo la que le diera apoyo. Mis pensamientos se detuvieron cuando oímos gritos de ahora váyanse todos al otro lado, íbamos agarrados de una soga en línea y para suerte de nosotras se nos aseguro de que como no había llovido el rio no estaba crecido y podíamos cruzarse sin problemas. Ciertamente cruzar no fue difícil, del otro lado estaba un carro esperándonos para llevarnos lejos de la frontera. Viajamos toda la noche en silencio, cuando amaneció pude ver que estábamos en medio de un lugar árido. El coyote de turno detuvo el carro y nos dijo que hasta ahí nos llevaba que de ahí para adelante era cuestión de cada uno de nosotros. Nos aseguro que pronto encontraríamos el camino que otros ya habían marcado ya que ese era el sendero que más se usaba. Nadie protestó, mejor dicho es que no podíamos hablar del miedo, sed o hambre. Ni siquiera equipaje portábamos, yo vestia un par de jeans, una camiseta y unos ténis que serian mi salvación en ese desierto inhóspito donde nos abandonaron porque así me sentí yo abandonado en medio de la nada. Como se nos indicara empezamos a caminar, a medida que parecíamos avanzar, yo miraba que algunos no aguantaban, se desmayaban y por humanidad no dejé sola a la mujer embarazada y las dos pudimos salir creo en dos dias de ese laberinto. Encontramos sólo un par de botellas de agua que tiempo después supe gente compasiva deja alguna comida y el líquido sagrado para que nosotros los que cruzamos ilegalmente tengamos algo que poner en nuestro estómago para sobrevivir.

-------Escuchar como Iris Suyapa describía ese pasaje de su vida estremecía todo mi ser porque esa situación se repite todos los dias, es tan verídico que compatriotas míos o de otras nacionalidades arriesgan su vida para poder cruzar el rio. Algunos no logran pasar, muchos mueren en el desierto y los que tienen éxito reuniéndose con amigos o familiares arrastran un trauma que los marca para siempre. Yo le debía discreción a mi amiga porque ella estaba sola en New York y me seguía relatando su odisea.

----No me separé de mi compañera de viaje hasta que se reunió con el marido que la esperaba, el había pasado recientemente y cuando los ví juntos me sentí aliviada porque ella y su compañero estarían juntos para cuando naciera el niño de ambos. Los acompañé una semana aunque ellos tenían un lugar donde vivir, yo no quería ser carga para nadie, ni siquiera para mis hermanos a los que dudaba en llamar pero me venció el orgullo y cuando me comuniqué con ellos, se sorprendieron de que yo haya sido capaz de tanto sacrificio. Me mandaron dinero para viajar hasta Nashville, Tennessy donde ellos Viven pero mis deseos no eran vivir ahí, yo quería llegar hasta New York porque desde chiquita veía la estatua de La Libertad, esos "rascacielos", las luces de "Time Square". Sé que era pura fantasía pero era el lugar donde había decidido vivir aunque me tardara en llegar. Como te dije no traía nada pero no quería que mis hermanos pensaran que yo iba a ser carga para ellos por lo que les pedí dinero para el pasaje en autobús y me ajustó precisamente para comprarme una mudada y un par de ténis. Parece ridiculez pero para mí los ténis fueron más que el soporte para proteger mis pies, son el símbolo de mi pasado, presente y futuro.

Dejé de ver a Iris Suyapa por lo menos en tres meses, nos hablábamos por teléfono pero no me decía mucho de cómo iba integrándose a este país. Ya casi iba a cumplir el año de haber llegado, no paraba de trabajar en todo lo que podía y por las cosas que ya están destinadas a suceder, su persistencia en vender tamalitos en la esquina de la tienda Macys le permitió conocer a una muchacha que trabajaba en la tienda, Iris Suyapa no se daba por enterada de que la muchacha la observaba y un día se le acercó y con el poco español que hablaba pudieron entenderse hasta que un día ella le preguntó que si quería trabajar en la casa de ella, que se estaba por casarse, iba a comprar una casa y que necesitaba de ayuda.

Cuando Iris Suyapa me lo comentó, me dio un poco de temor pero bien sabíamos las dos que no habían muchas opciones para ella. Transcurrían los dias, las semanas y casi fueron seis meses que no pudimos volver a hablar de nuestras experiencias. Nos comunicábamos pero sólamente para comentar lo bien que le iba en su trabajo con la familia Miller procedentes de Long Island EN

donde mi amiga vivía y según sus empleadores le habían ofrecido ayudarla a obtener su residencia legalmente por lo que ya se había inscrito en una escuela a donde recibía clases de ingles tres veces por semana y con el trabajo ya no tenía mucho tiempo y pocas veces venía a Manhattan y mucho menos a New Jersey. Esto me alegró enormemente sorprendiéndome como por obra de Dios el destino de alguien podía cambiar a la cuenta de tres. Ya yo no podía retrasar la conclusión de esta historia y por los acontecimientos más recientes Iris Suyapa ya tenía el final feliz que ha esperado desde que dejo nuestro pais. Al encontrarnos ella comenzó su relato con una actitud tan diferente a la del principio que yo me mostraba más ansiosa que ella. Amiga me dijo:

Yo no soy la escritora pero si quiero que dejes bien clarito ahí en su notas que yo soy una triunfadora, que los problemas no terminarán pero los obstáculos ya están superados y mira aquí tengo los papeles que prueban que no fue mentira lo ofrecido por la señora Miller al contratarme como su empleada domestica cuando me conoció. A los pocos meses y por lo que yo le demostré que había terminado mi educación secundaria y que había trabajado en un banco, tuvo la confianza de que le ayudara a administrar su casa y ahora que estaba esperando su primer bebé y piensa trabajar desde la casa yo le ayudaré mucho más. No sólo me dieron trabajo, me han ayudado pidiéndole al abogado de la familia que tramitara con inmigración mis papeles de residencia. No sólo me permitieron ir a la escuela, ellos no me tratan como a una simple empleada, me han prometido ir conmigo a visitar a mi familia por lo que creo en un futuro cercano voy a volver a ver a mi mamá.

Las dos rompimos a llorar sin saber a ciencia cierta la razón de ese llanto y, es que habíamos esperado casi por dos años que ella pudiera salir a la calle con la frente en alto, sin tener que esconderse si miraba a la policía, podía hablar sin sentirse discriminada ya se comunicaba fluidamente en inglés y me confesó que no solo había vuelto a la esquina de Macys donde había vendido tamalitos, sino que se atrevió a entrar y con la ayuda de la señora Miller se había comprado un vestido porque la habían invitado a una fiesta. Y sobre todo me dijo: Amiga tu has sido mi inspiración.

# LO QUE SE DESEA CON
# TODO EL CORAZON

Han pasado muchos meses desde que empecé a escribir "Quiero ser tu inspiración" y sólo tenía una historia, hasta había engavetado el manuscrito pero un dia, estaba en la oficina de una organización sin fines de lucro que asiste a hombres y mujeres que han aplicado para un trabajo y si los llaman para una entrevista, ahí les proporcionan la ropa que necesitan para impresionar y obtener el trabajo. Este servicio no sólo es vestuario, en esta entidad además se provee servicios de entrenamiento para más conocimientos del mercado laboral. En esta institución la mayoría de empleados son mujeres que han pasado por violencia doméstica, algunas terminaron su escuela secundaria pero no pudieron encontrar empleo por lo que trabajando ahí si han podido superar sus problemas y hasta continuar su educacion. Por ser yo también empleada de una organización similar las cuales realizan proyectos en colaboración yo conocí a Dalia. Lo primero que encontramos en común es el apellido ya que mi segundo apellido de soltera es igual al de Dalia por lo que sirvio en la inspiración que yo necesitaba para seguir con "Quiero ser tu inspiración. Conocerla fue como una chispa que se encendió y esta fue la palanca que necesitaba para decidirme a que era hora de retomar mi proyecto y llevarlo a otra etapa, finalizarlo y exponerlo. Dalia fue la segunda a quien entreviste y sentí que debía identificar su historia como "LO QUE SE DESEA CON TODO EL CORAZON" porque ella es un ejemplo de que todo es posible si se hace con sinceridad segura de tener recompensa que no será monetaria pero si será remunerada con lo que más queremos. Sin más preámbulos cedo el espacio para que Dalia comparta con sus propias palabras lo que ella ha deseado con todo su corazón.

---Vine a Estados Unidos vía California hasta New York, ciudad que era mi destino final y de eso ya hace más de veinte años. Originaria del pueblecito del Estado de Puebla en México. Mis padres me dejaron a mí, mis dos hermanas y un hermano con nuestros abuelos. Sólo tenía nueve años cuando me tuve que separar de mi madre y a quien no ví por cuatro largos años. A esa edad no se tiene consciencia de lo que significa pasar a los Estados Unidos, vivir indocumentado y sostener hasta tres trabajos para poder sobrevivir en este país. Asi como mandar dinero para nuestra tierra natal para solventar los gastos de los hijos of familia que quedan allá.

Hubo una pausa porque Dalia se emocionó, hizo un gesto y suspiró hondamente, como para agarrar fuerzas y es que tiene tantos recuerdos de su niñez que aun duelen y que eso también tenemos en común las dos y todos los inmigrantes que al recordar se nos quebranta la voz y hasta nos dan ganas de llorar.

Dalia prosigue:......

-----Siempre he sentido que se me quitó la libertad cuando me trajeron a este país, al que no pedí venir. Ahora siendo una mujer madura se que lo único que deseaba mi hermosa madre era una mejor vida para mis hermanos y para mí. Fue triste y doloroso el enterarnos de que mis padres se habían divorciado aquí en la ciudad de New York. Se separaron tomando cada uno un rumbo diferente. Mi mamá nos comunicó por carta que mandaría por la familia y así reunificarnos, ella nos extrañaba y nos necesitaba a su lado. Siendo niña y no teniendo todo claro, mi deseo, era que mi linda madre fuera la que regresara a nuestro país para así estar todos juntos. Eso no sería posible porque la situación económica era muy precaria. Se me ocurrió escribir una carta a mi mamá donde le pedía que ella misma viniera por nosotros o de lo contrario no nos iríamos de México. Mis ideas resultaron ser una tontería, pues no sabía la odisea que una persona que cruza ilegalmente la frontera tiene que padecer en el desierto.

El amor de mi madre por nosotros, era tan grande que sin importarle lo que le causaría, llegó a nuestro pueblo por nosotros. Se hicieron los arreglos para nuestro viaje. Por primera vez me subiría a un avión, que emoción, pero al mismo tiempo me invadió la nostalgia, dejaría todo lo que había sido mi mundo en México, mis abuelos, mis amigos, mis compañeros de escuela. Mis abuelos quienes yo les consideraba mamá y papá. Ellos nos habían criado y apoyado mientras mis padres se habían ido lejos. Con todo lo que estaba ocurriendo yo no sabía lo mucho que mi vida cambiaria totalmente y yo ya no sería la misma.

Nuestro primer destino fue Tijuana, una ciudad tan ajetreada y la gente tan rara. Mi podre hermosa madre, sola con cuatro hijos, sin conocer a nadie se arriesgo a todo. Después de unas cuantas llamadas misteriosas que ella hiciera y algunos dias transcurridos, nos informó que ya era tiempo de seguir el camino. Por fin dejábamos el hotel feo y descuidado donde nos habíamos hospedado en los días que estuvimos en esa ciudad. Mamá nos pidió que no le dirigiéramos la palabra a nadie. Daba miedo caminar por calles llenas de peligro. Por fin mi mamá saludo a alguién, que alivio pues era señal de que era la persona a quien ella estaba esperando. No presenciamos la conversación entre mi mamá y esa persona que yo nunca había visto antes. Se nos dio instrucciones a mí y a mi hermano de irnos con una señora. Que angustia sentía porque pensé que nos estaban separando para siempre. Yo me preguntaba A dónde estaban mis hermanas y que pasará con mi mamá? Cruzamos la frontera, el cansancio me venció quedándome dormida. No supe nada más hasta que llegamos a la casa del que reconocí era mi tio y corrí a sus brazos.

Que alegría fue volver a reunirme con mis hermanas pero y mi mamá dónde estaba? Mi tío me explicó con lujo de detalles como mi mamá pasaría la frontera. Mi corazón se partió en dos y no hacia otra cosa que llorar pidiendo ver a mi mamá sana y a salvo pronto. Me sentía culpable pues yo le había pedido a mi bella madre que regresara por nosotros y ahora tenía que pasar como mojada, y por el desierto. No encontraba consuelo, no quería comer y sólo le pedía a Dios que me perdonara y cuidara de mi mamá en el camino. Las noches eran eternas aunque no había transcurrido tanto tiempo y sólo me consolaba la esperanza de volver a ver a mi mamá. Que alivio y alegría de volver a verla y, aunque no se lo expresé en ese instante, ella era todo lo que necesitaba. Ella nos relató que fue una odisea lo que había sido cruzar la frontera, arriesgando su vida para estar de este lado juntos mis hermanos y conmigo para volver a ser una familia.

Dalia y yo nos sentíamos un poco exaltadas al recordar su experiencia de cruzar México a Estados Unidos y para alegrarnos un poquito, yo le pedí que me hablara de cómo era el pueblo donde había nacido.

A Dalia se le iluminaron los ojos y me contó que al salir de su país a los trece años había dejado la libertad de la que un niño goza en nuestros países. Su abuelos viven aún en el campo donde creció sin tener televisión por lo que pasaban mucho tiempo jugando con sus hermanos y los otros niños de la vecindad. Ayudaba a sembrar y cuidar de la cosecha de una fruta que en México se cono como "Jamaica". Dalia siente orgullo porque tuvo la dicha de conocer a sus tatarabuelos, de haber tenido una niñez sana y feliz. Su voz se entrecorta de alegría al contarme como cargaba un burrito para ir a lavar ropa al río con su abuela, sus tías, primos y amigos con quienes compartía el placer de jugar con el agua y bañarse en el rio. Eso de ir al río no era simplemente para lavar ropa, servía para entretenernos, pasar tiempo en comunidad que hasta el burro gozaba porque lo usábamos para cargar la ropa y de regreso a la casa recogíamos leña del campo y el pobre burrito lo soportaba todo.

Le pregunte a Dalia si su abuela le había enseñado a hacer tortillas y ésto le causó emoción ya que al igual que en mi ciudad natal, en el pueblo de ella se cocinaba el maíz y lo llamamos "NIXTAMAL", el cual se deja de un día para otro para pasarlo por un molino. Esto también es parte de la cultura nuestra, ir al molino era una aventura, yo recuerdo que se hacía fila para conseguir la masa para las tortillas y luego se palmeaban poniéndolas sobre un comal caliente. Hoy en dia existen las máquinas pero no son lo mismo. Dalia habla muy especialmente de las "MEMELAS" una fruta propia del pueblo y con esto de hablar de nuestros pueblos y sus tradiciones, sentimos un escalofrió porque nos pusimos nostálgicas. Eso de recordar la niñez hizo que nuestros corazoncitos se entrujaran y no pudimos negar que el hecho de sabernos en tierras lejanas como inmigrantes nos afecta no lo podemos ocultar. Como autora de este proyecto tendré que controlar mis impulsos y emociones, cosa que no será fácil de hacer. No puedo reflejar insensibilidad ante las historias de mis señoras bonitas. De la forma en que Dalia se emociona trae a mi memoria los primeros días en que llegué a este país pero, ahora no es el momento de hacerles saber mi propia historia. Debemos continuar con la historia de Dalia que continúa así:

-----Al entrar a Estados Unidos pasé unos días en California donde vive la mayor parte de la familia del lado de mi mamá pensé que nos quedaríamos ahí pero mi mamá nos llevó a New York. Siendo Brooklyn donde comenzó mi experiencia en este país. Mi mamá me registró para estudiar el noveno grado y como era mi deseo de graduarme de la secundaria me emocionó saber que iba a aprender a hablar inglés. Deseaba estudiar telecomunicaciones por lo que buscaba apoyo en mis maestros y consejeros quienes no me correspondieron. Los consejeros **NUNCA**......me informaron de las oportunidades que pude haber tenido si me hubiésen hablado acerca de matricularme en la universidad.

----Al oír a Dalia comprobé que a los consejeros de las escuelas en este país no les importa ayudar a los niños que son indocumentados y no son candidatos para seguir estudiando una carrera superior (Dalia se incluye en este grupo) con ayuda financiera del gobierno. Además se considera que un estudiante en el programa bilingüe o por sus siglas en ingles 'ESL" no tiene la capacidad de perseguir un sueño que es tener un título universitario como cualquier estudiante regular no importando la nacionalidad. En la escuela donde yo estudié nadie me ponía atención, quizás por ser callada y reservada. Aun así hice amistad con dos muchachas de El Salvador a quién por cierto no he vuelto a ver desde que se graduaron de la High School. Como me gustaría contactarlas y saber que ha sido de ellas. Quizás hayan logrado progresar y hasta tengan una profesión universitaria.

El tiempo pasaba y parecía estar acostumbrándome a vivir en Estados Unidos pero, vivía deprimida y lo único que deseaba era volver a México. Mi mamá sabía de como es el ambiente de las escuelas en este país, ella temía que sus hijas fuésen influenciadas por malas personas pero insistía en que aquí estábamos mejor que del otro lado como acostumbran decir otros inmigrantes al referirse a su país. El temor de que extraños nos quisiéran hacer daño llevo a mi mamá a establecer un código para que nosotras sus hijas contestáramos el teléfono solo a ella. Mi mamá calculaba unos treinta y cinco minutos desde que salíamos de la escuela para llegar a la casa. Entonces el teléfono sonaría únicamente una vez, yo tenía que contestarlo rápido e inmediatamente. Al confirmar mi madre que sus hijos estaban en casa, nos volvería a llamar más tarde sin decirnos exactamente a que hora porque así ella se aseguraba de que nosotras no saldríamos y así no buscaríamos problemas.

Una pausa necesaria porque había mucha emoción en el ambiente que era mejor hablar del presente que era nada menos el apartamento donde vivió en New York. Estoy más que segura que la casa de los abuelos donde vivió Dalia en México era tan diferente al de Brooklyn.

Acerte en mi comentario porque mi amiga hizo una expresión de desagrado al pedirle que me hablara el lugar donde vivió en los primero en este país. Con desgano empezó a describir el lugar a que le llamaba hogar.

-----Pasamos de vivir en una casa en el campo a vivir en un "Basement" o sea un sótano donde no habían ventanas por donde entrara la claridad y el sol. Esto hacía que yo no tuviera interés ni en aprender inglés. Quizás así mi mama me enviara de regreso a México. Yo no tenía idea que esto me perjudicaba más que a nadie, pero quién me iba a convencer de cambiar de actitud, si ni siquiera me relacionaba con parientes y mucho menos con amigos.

--A los dieciséis años y sin ver realizada mi integracción a este país como debió de ser desde que llegué. Me armé de valor y hablé con mi mamá pidiéndole que me comprara el pasaje para regresarme con mis abuelos. Yo le insistí que lo mejor era regresarnos a México, fue imposible convencerla ya que alegaba no tener los recursos para comprarnos el pasaje y mucho menos podría enviarnos dinero para mantenernos allá. Determinada deje de estudiar y dispuesta a ahorrar, empecé a trabajar y aunque lo hice todo un año, no pude ahorrar lo suficiente. Al retornar a los estudios, el director de la escuela se interesó en saber más de mi situación. Habia ayudado a mi mamá para que yo trabajara por un año y el mismo, me ayudó para regresar a estudiar sin tener problemas. Que ser humano más hermoso, me ayudó a ingresar a la escuela sin papeles. La triste realidad era que yo al no estudiar por un año había retrocedido en mi educación y mi sufrimiento se tornó doble porque nunca regresaría a México

Sin progresos con el idioma inglés, bloqueé mi mente de una manera increíble que todo se me hizo más difícil porque no estaba haciendo las cosas como se debía. Que tonta, ahora sé lo mucho que había perdido y yo misma me hice daño. Aunque terminé la High School, no pude asistir a la universidad. Me arrepiento hasta el día de hoy de no haber luchado más para lograr mis sueños. Tengo tan presentes las palabras de los consejeros "decisiones equivocadas y no se da cuenta que es "ilegal". Esta palabra nos marca ya que nos obliga a los inmigrantes indocumentados a vivir en la sombra de la obscuridad y el anonimato. No podemos aspirar a los mismos derechos y privilegios de alguién que si posee la tan deseada tarjeta y para colmo estos no la aprecian como yo lo haría. Asimismo pienso que los que nacieron aquí y son ciudadanos no aprecian esa ventaja. Cuando Salí de la oficina del consejero sentí que todos los sacrificios hechos hasta ese momento habían sido en vano. Me gradué con un índice académico suficientemente alto que me calificaba para aplicar a becas en las universidades de New York, solamente y lo más importante era que yo no tenía la "Green Card" (la tarjeta de residencia) para poder recibir ayuda financiera del gobierno. No me quedó más que entregarle solamente a mi mamá el diploma de High School como le había prometido. Sin embargo no cambiaba mi situación de ser indocumentada ya que no tenía derecho a continuar con mi educación superior.

Al no poder seguir estudiando, empecé a trabajar. Uno de las labores Que realicé fue de empleada doméstica en una casa de familia, creí que esto era un buen arreglo y conveniente pero no tenía idea de los sacrificios que se me estaban imponiendo.

---Encontré una familia judía, no me trataban mal pero el trabajo era extenuante. Me levantaba a las seis de la mañana, preparaba el desayuno para el señor que salía a trabajar muy temprano. Esta familia tiene dinero, una casa grande, o mejor dicho una mansión. Podían pagar a mas de una persona que les sirviera pero solo era yo y una cocinera. Yo ayudaba a limpiar y cuidar a dos niños del matrimonio aunque la esposa no trabajaba, casi siempre pasaba fuera de compras, en eventos o con sus amigas. Los niños eran disciplinados, no desordenaban ni ensuciaban la casa como para tener que limpiarla tanto. Ellos tenían designadas áreas para jugar y sin embargo mi compañera y yo habíamos recibido órdenes estrictas de siempre estar ocupadas desde temprano. Ya fuera limpiando y afanando en la casa. Encima de esto como empleadas nos retirábamos a descansar hasta después de la cena que regularmente era a las ocho de la noche o más tarde porque había que esperar hasta que llegara el señor. Terminada la cena teníamos que dejar bien limpia la cocina y eso nos retenía hasta la medianoche. Esa no era vida por lo que, empecé a planear como irme de esa casa. No era fácil, me sentía como una prisionera ya que los dueños de la casa no me permitían sacar cosas aunque fueran personales y se molestaban si me veían con bolsas grandes.

La historia de Dalia representa mucho drama que algunas veces tengo que parar las conversaciones pero también no puedo pasar por alto decirle a mi amiga que yo también trabajé como una empleada doméstica para una familia cubana allá por los años ochenta. Estaba interna y salía sólo los jueves y domingos. "Los patrones" siempre me miraban de arriba para abajo como inspeccionándome antes de yo salir aunque no me decían anda. Pero al regresar por la tarde me preguntaban si había ido de compras. Las familias que contratan personas para que vivan en la casa son exigentes y por ello no duran las empleadas. Ellos piensan que todas las empleadas domésticas roban y no es así ya que, por un porcentaje mínimo que si lo hace todas las demás son juzgadas de "rateras".

Dalia continúa:

---un domingo salí y no regresé. No me importó dejar la ropa que tenía en esa casa, lo único que pretendía era recuperar mi libertad tan deseaba con todo el corazón.

Volví a la ciudad de New York y recurrí sin pensarlo dos veces a un señor que me había dado trabajo anteriormente. Era el dueño de una tienda quien me volvió a emplear ganándome su confianza. Llegue a aprender todo el manejo y funcionamiento de la tienda Desde planchadora de camisas al departamento de ventas. Después al departamento de "shipping" (envíos) hasta llegué a administrar todo el negocio ya que el dueño tenía que viajar constantemente y me dejaba a mí de encargada. Para mí fue una excelente experiencia, ser la encargada de una pequeña distribuidora de ropa, donde recibía cargamentos de otros estados, así como órdenes grandes de otras tiendas. El trabajo era estresante pero yo lo disfrutaba al máximo. Esta experiencia parece haberse quedado en el pasado pero la extraño muchísimo!

La conversación con Dalia era dinámica y amena, casi siempre acompañada de un café aromático de corte hispano (como se le llama en Estados Unidos al café expreso). Nos reuníamos en una cafetería muy popular para avanzar con su historia la que ya he titulado "**Lo que se quiere de todo corazón**". Es que Dalia repite constantemente que ella todo lo hace con el corazón. Ha puesto su corazón para triunfar en este país y no sólo por continuar educándose en una escuela, sino también es tener un titulo en la "Universidad de la vida".

Coincidencia o no, yo también he pasado por la Universidad de la vida, donde no

es el dinero el que permite matricularse para estudiar en ella. Son las ganas de ser alguién y tener algo muy tuyo que exclusivamente sale del corazón. Dalia y yo sin siquiera mencionarlo tenemos algo más en común, es que llegamos a este país casi al mismo tiempo.

Claro ella era una adolescente, yo ya andaba en mis treinta años. Si, las dos venimos a este país con la misma meta: Realizar nuestro sueño americano para colmar nuestras aspiraciones porque también queremos ser una inspiración. Como Dalia yo añoraba terminar mi carrera universitaria la cual comencé en mi país y aunque, tarde cinco años en volver a un aula de clases gracias a Dios terminé mi carrera hasta obtener una maestría en educación.

--Dalia fue persistente y fue aceptada en una universidad comunitaria, ha tenido que tomar muchos cursos de inglés para nivelar los conocimientos, así también me tocó a mí y es que como adultas se nos hace más difícil la pronunciación del inglés, idioma que no es nuestro pero, que debemos saber hablarlo y escribirlo fluidamente para triunfar.

Las dos hemos tenido que trabajar en tiendas, en fabricas, limpiando casas y eso nos ha ayudado a subir la escalera que nos ha llevado hasta donde estamos hoy dia. No quiero ponerme nostálgica y mejor dejaré que esta señora me siga contando en sus propias palabras lo que ha logrado después de haber cubierto su cuota de sacrificios y sufrimientos.

---Asi como en las novelas. Yo soy la protagonista que sufre tanto, llora y pasa por un sinfín de situaciones. Las cosas mejoraron para mí, empezando porque dure séis años trabajando en la tienda, en ese período no pude matricularme en la universidad porque yo ignoraba que había instituciones que no pedían la "Green Card", no hubo alguién que me dijera de esta oportunidad que yo hubiera aprovechado al máximo.

Mágicamente, lo que había deseado con todo el corazón llego a mí, comenzando por conocer a un muchacho puertorriqueño de quien me enamoré y con el tiempo nos casamos. Mi esposo ha sido mi bastón, el no sólo me apoya emocionalmente como su esposa. El me reclamó ante migración y solicitamos mi residencia. Con mi nueva condición de residente también gozo de privilegios y lo primero que hice fue matricularme en la universidad sin importarme que lo he hecho siendo una mujer madura y será más difícil este reto porque tengo otras responsabilidades pero estoy segura de que lograre ser una profesional. Ya no tengo temor de ser indocumentada porque puedo trabajar a donde yo quiera y con lo que he aprendido me ha servido para tener un trabajo estable.

Puedo respirar con alivio, siento además que fue lindo poder contar mi historia en este proyecto de "Quiero ser tu inspiración". No puedo concluir mi participación sin agradecer a Edna y deseo de todo corazón que el proyecto tenga éxito porque de él nació una amistad sincera entre dos mujeres que tienen bien claro que el sueño americano nos llego como una segunda oportunidad.

# AZUCAR

Viajar en transporte público tiene ventajas aunque, muchas veces pecamos de ser muy amigables con personas extrañas que encontramos en el bus y que quizás sólo las veamos una vez en la vida. Ese no fue el caso entre Andrea y yo. Le conocí un dia que hube de tomar el bus. Iba para una de las escuelas donde trabajo. Me senté al lado de una señora que pensé era afro-americana y que no hablaba español y no le puse mucha atención. Sin embargo Andrea rápidamente me identifico a mí e inició la conversación. Me preguntó si era maestra ya que en ese momento cargaba materiales educativos y me preguntó en buen español que era lo que yo ensenaba. Le contesté que era consejera académica y de esa respuesta la charla se extendió hasta el momento en que mi viaje finalizó.

Unos días después volví a tomar el bus y nos vimos otra vez y la conversación se tornó muy amena concentrándonos en hablar de nuestros respectivos países. Andrea me dijo que su familia procedía de Panamá y que a ella le gustaba representarla participando en eventos con un grupo de danza panameño, así como bailar en el desfile hispano del mes de octubre en New York. Hubo más encuentros, a veces en la calle e incluso supe que ella era cliente de una de las agencias comunitarias para la cual yo hacía presentaciones y entrenamientos. Creí que se convertiría en una persona dentro de mi circulo profesional pero, me equivoque, así como la conocí, así desapareció sin tener más conocimiento que su nombre.

Al comienzo del año dos mil diez acepte participar en un programaión profesional con una organización que asiste a adultos mayores con servicios a personas mayores de cincuenta y cinco años dándoles entrenamiento y también les facilita un trabajo a tiempo parcial. Esa entidad me enviaría a alguién que trabajaría conmigo por viento horas a la semana, me ayudaría con el trabajo en la oficina, contestando el teléfono, archivando, etc. En reciprocidad yo le daría entrenamiento básico de computadora y actualizarla en tecnología. Yo estaba encantada de ayudar, especialmente si se trataba de personas maduras. El día que se iniciaría el entrenamiento tenía que entrevistarme con la voluntaria como yo le llamaría y cual fue mi sorpresa que Andrea la señora que había conocido en el bus era la misma asignada por el programa para trabajar conmigo,

Desde el primer dia que llegó sentí como si ella y yo nos conociéramos muy bien, no sólo por las veces que la ví en tránsito, sino porque parecía que teníamos muchas cosas en común. Me comentó de su vida en general, que tenía algunos estudios universitarios precisamente en la misma institución donde yo me gradué de maestra, Casualidad de que Andrea conoce a algunos de los estudiantes en la universidad donde yo también doy clases de español. Andrea al igual que yo gusta de trabajar como voluntaria y lo hemos hecho para las mismas organizaciones aunque en diferentes situaciones. "Andrea es muy simpática, muestra un alto espíritu de iniciativa y parece ser muy creativa. Sinceramente mi opinión es que tiene toda la capacidad para desenvolverse en cualquier trabajo.

Andrea demostró responsabilidad y deseos de aprender, pronto podría aplicar a cualquier trabajo disponible. Tenía que dedicar ocho horas en la semana a llenar aplicaciones o asistir entrevistas de empleo. Con tan buenas cualidades fuimos desarrollando una relación cordial hasta la invité para la presentación de mi primer libro y cual fue mi sorpresa que ella también había escrito un libro de poesías. Hicimos intercambio de nuestras obras y sentí fuertemente que Andrea era la candidata perfecta para ser una de las protagonistas de mi actual proyecto el cual ya va tomando la forma que busco para que sea un buen material.

Andrea dejó de trabajar conmigo pero si nos mantuvimos en contacto, por lo que esperé por el momento de sentarme y escuchar lo que Andrea me permita saber acerca de su vida y en sus propias palabras. Debo de ponerle mucha atención para no perder tal cual me la relate. Andrea comenzó:

----Mi madre vino a este pais desde Panamá donde nació cuando tenía diecisiete años, muy joven y a principios del siglo XX. No era tan difícil inmigrar desde allá por la relación existente entre los dos países porque Estados Unidos controlaba el canal de Panamá. La familia de mi madre le pagó los estudios que le permitieron ostentar una carrera en educación en la universidad de Toscany en Virginia para trabajar como maestra toda su vida. No estoy segura porque no regresó a Panamá, sino que se mudó para New York en donde se casó con mi padre. No puedo hablar mucho de el porque no le recuerdo, creo que mis padres se separaron siendo yo muy niña

---. Mi madre se casó en segundas nupcias con un hombre muy diferente a mi mamá. Yo soy de color y tener como padrastro a alguién blanco de descendencía irlandesa y católico no era muy común en los años sesenta. Precisamente tiempo en que se luchaba por derechos civiles de "Los negros", Con todo y obstáculos pudieron casarse. Este fue el único padre que conocí y a quien quise como tal, aunque, solo cuando convenía yo le llamaba "papa". No me sentía cómoda llamándole así ya que era obvio que no llevamos la misma sangre. De esa relación mi mama tuvo a mi hermana menor

Al relatar parte de su niñez, observé cierta incomodidad en Andrea. Yo no tenía idea de lo que ella me iba a contar. Algo que está directamente relacionado con su madre. Le costó empezar y esto fue lo que me expresó.

------Mi mamá nos pegaba mucho a mis hermanos y a mí, especialmente cuando regresaba de la calle y estaba pasada de copas. No sé cuánto o cómo, ni por qué mi mamá bebía cuando salía, lo que si recuerdo es que ella me pedía que le hiciera algo de comer" vociferando mi nombre: Andrea, Andrea hazme algo de comer. Regularmente le hacia una sopa......antes de irse a dormir o para que se le bajara la borrachera. Yo trataba de

Complacerla y le hacía sopa la que pocas veces se tomaba no porque no estuviera bien hecha, sino porque al llegar yo con la sopa caliente, esperando que eso ayudara a mi mamá, me encontraba con que ella se había dormido, trataba de despertarla pero en su inconsciencia ella se molestaba si yo le insistía en que se tomara la sopa. Me empujaba diciéndome que la dejara en paz, vete, me repetía y yo tenía que irme sintiéndome menos que nada. Cuando ya se le pasaba la borrachera, me reclamaba porque yo no le insistia lo suficiente para que comiera algo, era entonces que mostraba su enojo y me pegaba.

Me atreví a preguntarle a Andrea que si su mamá aun casada, salía de noche? Parecía que ésa era la situación provocando en Andrea un poco de vergüenza.

----Mi mamá estaba casada sí, pero ella y su esposo pasaban tiempo separados. Recuerdo que ellos Vivían juntos y luego ya no veía a mi padre a lo que mi mamá aprovechaba para salir con sus amigas.

Un poco de curiosidad mezclada con inquietud era saber si Andrea y su familia vivieron en el mismo vecindario siempre. Andrea me dijo:

-----Un día mi mamá se hartó de vivir con su esposo y nos mudamos a otro apartamento, nunca dejamos de vivir en la misma área porque ella quiso siempre residir en un lugar más seguro, y de mejor categoría aunque fuera en el Bronx que tiene fama de ser lo peor del área metropolitana de New York. Ese apartamento fue el hogar de mi mamá hasta que murió. En mi niñez en esa parte del Bronx no habían muchas familias afro-americanas, quizás éramos unas tres las que pudimos permanecer en una comunidad dominada por gente "blanca".

¿Como era la situación económica de tu familia? ¿Si tu mama se había separado de su esposo?

----Mi mamá siempre trabajo como maestra, nosotros no padecíamos y tuvimos un poco más que otras familias do color pero igual sufrimos porque nos convertimos en un hogar disfuncional. Para mí lo era, porque con sólo mirar a mi hermana mitad irlandesa, mitad hispana negra pero de tez más clara y facciones diferentes a las mías no permitieron por mucho tiempo que nuestra relación como hermanas fuera como yo hubiera deseado. Entre nosotras permanecía la controversia de si la abuela de ella nunca aprobó la unión de mi mamá con su hijo aunque en la familia de mi padrastro hay también mucha mezcla de culturas. Por ejemplo, el nombre de mi padrastro es de origen francés aunque su madre era irlandesa. El suegro de mi mamá se mantuvo en contacto con nuestra familia visitándonos constantemente. La abuela fue tan diferente, hasta que sintió cercana su muerte, dimitió y quiso acercarse a nosotros. Llegó un poco tarde el cambio de su actitud ya que no ayudó a mi padrastro más bien propicio que el cometiera delitos que lo llevaron a la cárcel. Mi padrastro fue policía y teniendo algunos privilegios, tomó ventaja de forma negativa, abusó y consumió droga por lo que tuvo que purgar condena. Mi mamá iba a visitarlo a la prisión pero nunca volvieron a unirse o vivir en el mismo techo. Crecí sin tener en realidad la presencia de un padre que me apoyara.

-------Cuando fue tiempo de ir a la escuela secundaria mi mamá que persistía en enviarnos a escuelas privadas y católicas, decidió registrarme en escuela de solo niñas porque ahí quizás me aceptarían y es que yo me sentía rechazada por los demás niños. Para mi edad era muy alta, yo parecía mayor y eso me hacía sentirme incomoda. Mi mamá creyó que en esa escuela mi vida social sería mejor. Fue todo lo contrario porque ahí las muchachas aparentaban algo que no eran. Lo primero que aprendí ahí fue sobre la homosexualidad entre las mujeres o sea que muchas de mis compañeras eran lesbianas y creo que también algunas maestras aunque parecían muy formales y serias, tenían una orientación opuesta a lo que se esperaba de ellas.

----Empecé a frecuentar lugares y hacer actividades a escondidas de mi mamá. La engañaba porque salía de la casa con ropa normal y en escuela me cambiaba.

Un momento Andrea le dije, casi salté del asiento porque las revelaciones de ésta señora estaban sonando un tanto explosivas. Tuve que pedirle que parara un instante porque su historia estaba tomando un rumbo que yo bien podía dejar de documentar fielmente tal cual era por respeto a nuestra amistad. Andrea en lugar de escandalizarse, como que estaba urgida en sacarse estas cosas de su interior y sonriendo las dos tratando de ocultar que había un poco de nerviosismo, ella continuo diciéndome:

----Edna tómate tu tiempo y respira porque tengo que confesarte de que yo experimente el lesbianismo. Pensé que quizás en esa dirección encontraría mi verdadera identidad pero no fue así y después de unos meses volví al redil y me propuse seguir buscando quién era en mi propia identidad. Sólo, que las exigencias de mi mamá me estaban conduciendo al abismo. Hubo consecuencia del deseo e insistencia de mi madre porque que yo fuése a la universidad. Era una obsesión el que yo me educara. Después que me gradué de secundaria, me matricule en el Bronx Community Collage y empecé a conocer diferente clase de gente aunque, mantenía algunas amistades de mi escuela secundaria ya que algunas de mis compañeras de esa escuela se graduaron después que yo. Caso seguido me uní a un grupo de muchachas y muchachos que se reunían en un edificio abandonado.

No entendí esto que me decía Andrea sobre reunirse en un edificio abandonado. Tratando de darle una explicación lógica encontré que, en los años mil novecientos sesentas y setentas, en la ciudad de New York y alrededores, habían vecindarios abandonados, con edificios vacíos los cuales no parecía que alguién estaba interesado en comprarlos y reconstruirlos. Nadie los vigilaba por lo que los muchachos en la necesidad de tener un lugar donde compartir aquellas cosas que no podían hablarse o hacerse en público como los derechos civiles. Andrea pertenecía a la minoría negra, ella y sus amigos no podían ir libremente a los lugares públicos. Asi que tenían un edificio abandonado que era como su casa club donde hacen fiestas y alguna otra actividad ilegal.

Andrea me había afirmado que le gustaban los hombres, conoció a un compañero en la universidad y tratando de conquistarlo, lo invitó a una las fiestas con sus amigos. Había sido difícil convencer a el muchacho porque él no gustaba de la vida bohemia que estaba de moda. Andrea comentó que el muchacho era muy atractivo y se miraba muy varonil y nunca se imaginó que en realidad el escondía su homosexualidad algo que la trastornó porque el muchacho con ser muy atractivo supo disimular muy bien su orientación. En una de esas ocasiones en que estaban fiestando en el edificio abandonado se presentó la policía, los encontró usurpando un lugar privado y los arrestaron a todos los asistentes, incluyendo a Andrea y a su amigo. Circunstancias que destruyeron las intenciones de Andrea por iniciar una relación con alguién a quién ella le gustaba mucho y que resultó ser diferente y la experiencia con la policía lo alejó no habiendo ninguna clase de relación subsiguiente entre ellos, ni siquiera simple amistad.

Cada historia me parece más intensa que la anterior, la de Andrea me exigía tomarnos un descanso. Ella para recuperar la fortaleza y seguir relatándome cosas más delicadas que ha experimentado y yo para organizar mis pensamientos, ponerlos en orden porque lo que hasta ahora he escuchado de mi amiga es fuerte aún para mí que también he tenido experiencias fuertes pero creo que a la par de las de Andrea se quedan muy por debajo de mis expectaciones. El sufrimiento y sacrificios a los que esta mujer ha estado expuesta hacen subir la temperatura a cualquiera.

Llego a la casa de Andrea después de unas dos semanas que le tomó para resolver la situación pendiente con su actual esposo y del que por ser algo reciente ella quiere contármelo. Asi muy cómodas en su casa y con una taza de té, ella reanuda su relato.

-----Me casé hace unos años con una persona que no tenía sus papeles en regla, es decir un indocumentado. Según yo, él me quería bien y su propósito era tener un hogar conmigo. El había llegado a Estados Unidos de Republica Dominicana y nos conocimos en la iglesia. Sucedió lo que teme cualquier persona indocumentada en este país. Migración lo encontró y fue deportado a su país de origen y hace ya casi diez años que no lo veo. En muy raras ocasiones se dé el. Alguien me dijo que tiene una familia en República Dominicana y que posiblemente nuestro matrimonio ya sea inválido. Quizás así lo decidió Dios, es mejor que ocurra ahora que todavía siento vitalidad aunque estoy sola pero vivo tranquila, Es un decir porque ya te cuento mas de mi vida.........No puedo quedarme callada en cuanto a mi experiencia con violencia doméstica. Yo fui violada y a una de mis hijas también la abusaron.

Andrea ha superado todos los obstáculos que la vida le ha impuesto. Violencia doméstica, su hijo está cumpliendo condenas en la cárcel por uso de droga. Sus hijas mujeres viviendo lejos de ella y aún teniendo nietos no los disfruta porque siempre está trabajando y no puede costearse viajar a Pennsylvania o a Carolina del Norte donde esas hijas viven. La única hija que vive en New Jersey tampoco es del todo estable. Empieza un trabajo, una relación y a los pocos meses pierde el trabajo y regresa a la casa de Andrea porque terminó con el novio. Andrea como madre tiene que ayudarle económicamente.

El programa para adultos mayores por el cual conocí a Andrea, también finalizó, el verdadero retiro le llego a Andrea, el momento de recibir su pensión del seguro social sólo que Andrea no está dispuesta a quedarse en su casa esperando un chequecito que cubre lo indispensable y básico que son la renta y comida.

Andrea fue muy generosa al exponer sus experiencias las cuales por consideracion a ella no las detalle minuciosamente. Mis lectores entenderán y estarán de acuerdo que la mejor manera de concluir la historia de mi amiga Andrea es mencionando que también ella es autora, ha escrito un libro de poesía como lo mencione al principio de su relato. En sus poemas ella plasma sentimientos con pasión acerca de lo rica que ha sido su existencia en vivencias que sólo a través de unos versos se ha podido liberar tanto de discriminación, aceptación y aumentar su propia estima. Andrea es parte de un grupo cultural artístico panameño, aunque ella nació en New York su corazón pertenece a Panamá la que solo una vez ha visitado y que por cierto ahora que tiene la posibilidad de gozar un digno retiro pone un viaje a Panamá en la lista de cosas por hacer. Andrea me ha llamado para decirme:

--------Habrá Andrea para mucho rato ya que mis planes inmediatos son dedicarle tiempo y darle forma una idea que ha sido mi sueño por mucho tiempo. Es nada menos que desarrollar un show de comedia. Ves te dije que te ibas a quedar con la boca abierta al conocer de esta habilidad.

---Ser comediante ha sido un sueño acariciado por mucho tiempo y hoy estoy en camino de entretener a personas mayores que como yo tenemos también derecho a expresarnos con humor y hacer de nuestra vejez una experiencia digna y divertida.

Andrea tiene por lo menos un show al mes. Me ha invitado pero por una u otra razón no he podido asistir. Estoy segura que su repertorio es tan bueno porque ella siempre tiene una sonrisa que regalar y mucho humor que compartir y la gente responde a su forma cómica de ser. Siempre Andrea será el AZUCAR que nos endulzará sino que nos contagiará con su inspiración.

# ADELA ES ADELA

Ser profesor universitario es un privilegio para mí. Ya tengo ocho años de servir la clase de español para profesionales que trabajan en el sector público y necesitan aprender lo básico de la lengua española. Sin embargo algunas veces se matriculan estudiantes hispanos que desean mejorar la pronunciación y gramática. Este fue el caso de como conocí a Adelaa, una puertorriqueña muy carismática.

De familia humilde y muy trabajadora, su padre era todo para Adela. Murió cuando ella apenas tenía apenas nueve años, ella y su madre necesitó de toda la fortaleza y ayuda de familiares y amigos, especialmente el padrino de Adela que se convirtió en su ángel guardián a quien la niña respetaba mucho y de quien aprendió muchos de los valores que Adela práctica hoy dia. El padrino de Adela la acogió como si fuese su propia hija, al punto que la hija de este ha sido la mejor amiga de Adela y con quien siempre han mantenido una relación muy cercana.

Adela me expreso que su padrino fue el alcalde del pueblo y quien le confiara tareas las cuales le sirvieron a ella para iniciarse como líder en la comunidad. Tanto así que en la actualidad aquí en los Estados Unidos continentales es líder comunitaria. Siempre recuerda y pone en práctica lo que veía era su padrino, un ser humano preocupado por servir. Adela es una mujer que lucha dia con dia, según ella misma me ha confesado usa el apellido de casada por formalidad y respeto a la legalidad. Adela ama su nombre de soltera porque para ella el apellido de soltera presenta a la Adela feliz y el de casada es aquello que todavía no ha hecho, y por tanto hay que ponernos mano a la obra para arreglar eso. Esto es lo que expresa Adela:

Quizás un nombre no es todo en la vida pero para alguien como Adela si es importante porque es latina, porque ella ha elegido servir a su comunidad y todavía en este siglo XXI en este Estados Unidos tan convulsionado non tenemos una representación femenina digna y siendo hispana pienso más los obstáculos a derribar.

Le pregunto a Adela que la ha inspirado y como fue el comienzo de su carrera política, y con mucha humildad pero siendo muy sincera me confiesa:

-----Vine de Puerto Rico a New York siendo joven y antes de iniciar una familia. Pensé que por traer desde Puerto Rico mi educación seria un inicio fácil pero no fue así y al cabo de un tiempo regrese a mi isla para ver que tampoco allá encontraba lo que andaba buscando. Regresé al continente ya realizada como mujer, ya con mis dos hijos y a New Jersey, donde he hecho de todo.
----Que significa de todo Adela?
---Bueno desempeñar labores que todos los inmigrantes hacemos, desde trabajar en McDonald's, hacer comida para vender, limpiar casas y hasta vender flores en la calle. Todos los conocimientos adquiridos en mis estudios de ingeniería y estos trabajos me han servido para llegar a ser una servidora pública. Además han sido la fuente de inspiración para decidirme a volver a los estudios superiores en la carrera de política pública. Profesión que obtuve en la universidad jesuita de Saint Peter's, Jersey City, New Jersey. Iniciarse en la carrera política se consigue si él o la interesada posee fortuna, tiene el apoyo de un partido político ya establecido, incluso la apariencia física influye. Anadir una maquinaria que se mueve en todos los niveles sociales y económicos y yo no tengo. Todo y así he ganado a pulso el respeto de mi comunidad. Me he dado a conocer en mi vecindario; en donde trabajo, y en los medios de comunicación que me permiten producir y transmitir un programa que nació por la comunidad a la cual sirvo.
---Gracias profesora Edna por tomarme en cuenta para ser protagonista de su libro quiero ser la inspiración para las mujeres latinas en este gran pais para que luchen por sus aspiraciones políticas y lideres. Somos capaces tanto como los hombres para gobernar y hacer que una generación cambie para bien. No sé

donde estaré mañana porque sabe que yo vivo cada dia como si fuese el último.

Adela se postuló para ser concejal del gobierno local, sigue luchando y yo la admiro mucho porque Adela es Adela.

# LA SEÑORA DE SEATTLE Y LAS SEGUNDAS OPORTUNIDADES

No sé como empezar mi historia pero si estoy segura de que a través del proyecto de Quiero ser tu inspiración, muchas mujeres se identificaran conmigo. Lo que yo he vivido en casi veinticinco años ha sido como una montaña rusa desde que alguien me convenció de dejar mi país. A veces he estado tocando el cielo y otras me ha tocado levantarme del suelo pero, nunca he dejado de luchar y aquí estoy, disfrutando cada minuto de existencia que Dios me está dando en esta segunda oportunidad.

---Considero que mi nombre y edad no son relevantes pero si quiero que sepan soy una persona alegre, charlatana y que siempre estoy riéndome, aun teniendo problemas. Posiblemente muchas de las lectoras como yo sean inmigrantes latinas. Serlo me llena de orgullo, pero también como muchas, me ha tocado estar en un lugar que jamás en mi vida pensé visitar. Me refiero a la cárcel, no por haber matado a alguien pero si, para muchos he sido criminal por haber cruzado llegado a Estados Unidos ilegalmente cruzando la frontera por Canadá o sea una cárcel de inmigración.

----Salí de mi pais con mucho entusiasmo creyendo en todo lo asegurado por la persona que me convenció de que aquí en Estados Unidos iba a vivir en el paraíso. Que no tendría problemas el cruzar la frontera pero fue todo lo contrario. En el mes de junio de mil novecientos ochenta y nueve empezó mi recorrido, estuve un dia en la ciudad de México y al dia siguiente tome el avión de una aerolínea japonesa con rumbo a Canadá. Llegué a Vancouver, donde esa persona me esperaba y me llevó a la casa de una familia amigos suyos quienes me trataron bien. (tampoco voy a revelar sus nombres). Ellos parecían estar ayudando en los preparativos para mi destino final que era llegar a Seattle, en el estado de Washington, Estados Unidos. Rápidamente al dia siguiente reinicie el viaje con rumbo al pais de las oportunidades. No habíamos salido de canada cuando un carro nos comenzó a seguir y nos detuvieron, mi acompañante poseía un pasaporte diplomático pero yo no, y caí en una redada de migración.

--- Me llevaron a una oficina donde comenzaron a interrogarme. Yo no contestaba primero porque no sabía que hacer ni que decir y segundo, por

no hablar el idioma. Me tomaron las huellas, me tomaron foto y luego me llevaron a una cárcel donde me dieron jabón, pasta y cepillo de dientes, cepillo de pelo y un uniforme anaranjado. Me pusieron en a una celda donde sólo habían mujeres quienes estaban presas por diferentes delitos y a todo ésto yo no tenía comunicación con nadie de afuera que me conocieran, tampoco tenía idea del nombre del lugar en donde estaba esa cárcel. No recuerdo cuantos días transcurrieron desde el momento en que me apresaron hasta el dia en que fui trasladada a otra ciudad, Uno de los custodios que fue a recogerme era chicano. Quizás adivino mi angustia y en español me conversaba. Yo casi contenta a pesar de la situación delicada en que me encontraba, de oír hablar mi idioma y llorando le comenté lo sucedido. Nunca lo olvidé y siempre le agradeceré el consejo que me dio de no firmar ningún papel es decir nada aunque me sintiera desesperada. Llegué a Everett, estado de Washington según me dijo el guardia de seguridad antes de dejar el primer reclusorio ahí era una cárcel de mujeres. Creo que fue mejor que la anterior en el sentido de que encontré personas que hablaban español. Nora una señora paraguaya a quien también migración la había detenido, estaba presa porque vino de su pais trayendo engañados a un grupo de personas. Según ella me contóo, ellos le insistieron en que los pasara a Estados Unidos y ella accedió terminando en la cárcel. Ella entró antes que yo y el conocernos en una prisión sirvió que nos hiciéramos compañeras y amigas de ese gran hotel, Ella fumaba y compraba cosas en la tienda y compartía ciertos artículos conmigo, como ser comida ya que en ese bendito hotel sólo me daban pasta de diente y shampoo. Los agentes de migración iban y venían constantemente y seguían preguntándome cosas pero yo sabía que era mejor continuar sin decir nada para no comprometerme más. Repentinamente una mañana me llevaron a otra ciudad también en el estado de Washington de nombre Seattle, donde está ubicada la corte. Ahí vi por fin a la persona que me había traído pero no nos dirigimos la palabra, nunca supe porque él estaba presente ahí. Me asignaron un abogado e intérprete. El juez me puso una fianza de cinco mil dólares que yo no tenía y por ello me condujeron a una cárcel diferente en Seattle. Ese centro era donde estaban los inmigrantes que ya estaban para la deportación. Pase ahí unos tres meses hasta que la persona que supuestamente era mi protector, pagó la fianza que requerían para dejarme libre. Llegó el dia de mi salida, me sentí aliviada de abandonar el "hotel Everest" como yo le llamaba a ese lugar ya que ahí conocí a mujeres de toda clase, drogadictas, alcohólicas, ladronas prostitutas que gracias a Dios no me molestaron como ví que hacían con otras presas a quienes manipulaban y si les hacían daño. Nora se quedo encerrada, me preocupé pero no podía hacer nada por ella. Contenta Salí de la cárcel pensando que tenía suerte que ese señor pagara una fianza, de que llevara a su casa pero en la realidad al final de nuestra relación me cobro todo (ni modo tuve que pagar).

Nora me llamó poco después, avisándome que ya la habían dejado libre, que se regresaba al Paraguay. Pudimos reunirnos para decirnos adiós y su partida me dejó un sabor amargo porque ella había sido la única persona sincera que había conocido a mi llegada a este país. Comencé a trabajar como niñera en casa de una señora chilena ganando cinco dólares y que resultó ser amiguita de ese señor. El tiempo transcurría y por no tener otra opción me caso con el señor porque él se sentía responsable de mi situación y yo inocentemente pensé que esa era la única solución para arreglar mi condición de indocumentada. Posición que no cambiaba mi situación de estar sola y cada vez que hablaba por teléfono con mi mamá y mi hija de solo siete añitos lloraba por estar tan lejos sin tener a nadie en quien confiar.

Transcurrió un año y medio, tiempo que pensé que mi relación con la persona con quien estaba casado iba funcionando bien pero nadie puede imaginarse lo que había en el fondo de mi corazón y lo que sentía al vivir lejos de mi gente. Sin embargo Dios es tan grande y nunca me desamparó. Poco a poco iba conociendo y encontrando gente que hasta el dia de hoy son mis amigos. Conseguí trabajar de noche para poder estudiar de dia y aprender lo más que podía en lo referente al idioma y el estilo de vida en Seattle, una ciudad muy bonita. No obstante la relación con el que se suponía era mi esposo se volvió inestable. El poseía doble nacionalidad y se le ocurrió que podíamos volver a nuestro país ya que se acercaba el tiempo en que yo debía reclamar mi residencia por lo que regresé a mi país y presento papeles en la embajada americana para mi residencia la cual tenía que resolverse allá. Yo feliz de regresarme porque allá me esperaban mis padres y toda mi familia incluida mi hija. Yo estaba contenta de poder estar otra vez reunida con los que más quiero y acepté conformemente no vivir en la misma ciudad de mis padres pero si en el mismo país y ya era algo ganado a mi favor ya que mi hija si pudo reunirse conmigo. En cuanto a mi condición migratoria, en la embajada tramité un permiso que me permitiera vivir en mi país por algún tiempo.

Tres años transcurrieron viviendo en mi pais, en los cuales formé un hogar a mi manera, mi hija asistía a la escuela, llegué a tener una casa muy bonita en una zona exclusiva de la ciudad porque allá en mi país, ese señor gozaba de buena posición económica y social. Indiscutiblemente todo parecía muy sólido, yo siendo una mujer de mucho empuje luchaba porque todo funcionara bien para mi hija y por mí también. El permiso concedido por migración se venció y tuve que regresar a Seattle, Estados Unidos pero esta vez me traía a mi hija ya que pudimos arreglarle sus papeles a ella también. Yo ya no me iba a separar de mi niña además sabia que ella en este país iba a tener oportunidades muy buenas para estudiar y tener un buen futuro ya que, yo me prometí a mi misma superarme para que las dos fuésemos felices.

-----Asi fue que regresamos a Seattle pero óolo mi hija y yo, la persona como ya dije tiene las dos nacionalidades se quedó en mi país alegando tener negocios que cuidar allá. Acordamos que él se reuniría con nosotras más adelante. Al cabo de algunos meses más tarde mi esposo se reunió con nosotras pero fue solo para que comenzaran los problemas entre los dos. Tengo que mencionar que esa persona es veinte años mayor que yo, no sé si ése fue un factor para que no nos entendiéramos o fue que él al ver que yo ya había encontrado como defenderme sola. Le molestó verme independiente y empezó a buscar excusas para faltarme el respeto al punto de violencia domestica y llegó un dia en que no aguante más y me divorcié. Hubo muchas negociaciones pero luché con determinación para que se fallara un veredicto a mi favor y pude quedarme con el apartamento en el cual vivíamos en Seattle. Se me concedieron sólo cinco mil dólares de la casa en la que vivimos en mi país por tres años. No fue un acuerdo favorable para mí pero lo acepté porque lo que yo quería era mi libertad física y emocional, el dinero no paga los sacrificios hechos. Con determinación aunque con mucha pena, me prometí no ver nunca hacia atrás, empecé a respirar con alivio y he podido levantar mi cabeza con dignidad sin tener que estar subyugada a alguien que constantemente me humille,

Fue duro al principio y lo afirmo, no ha sido fácil salir adelante estando sola pero la esperanza me brindó la fe necesaria para que mi vida cambiaría como si se hubiése realizado un milagro. Con Dios he sido más fuerte en todo y siempre con mi mente positiva he logrado tener un empleo estable con una familia que me contrató como "Nani" de tres niños y de eso hace ya casi nueve años. Esta familia me trata muy bien, he criado a esos niños con mucho cariño a tal grado que si me ausento ellos me extrañan y el senjtimiento ha llegado a ser mutuo y muy especial.

Quiero ser tu inspiración, ha calado muy adentro de mi misma con cada una de las historias y creo que mi señora que se llama asimisma "señora de Seattle, tiene también mucho en común conmigo misma. Al igual que ella yo dejé mi país hace ya casi veinticinco años. Llegué en el mes de abril aunque yo si ingresé con visa, no significa que por ello yo tuviera todas las ventajas y si, también pasé por muchos, muchos obstáculos que he ido venciendo poco a poco. Al igual que mi señora de Seattle, yo también deje una hija que entonces tenía diez años. Yo no estuve en una cárcel pero si he de admitir que me sentía como si lo estuviese porque por dos años fui indocumentada. -En esos dos años trabajé en lugares que en mi vida hubiése querido laborar. Conocí a gente que por envidia hacían cosas para meterme en problemas. Si, vivía con alguien que me dio un techo, no obstante me tenía a prueba porque creía que estaba con él sólo para arreglar mis papeles. Me propuso matrimonio hasta que se dio cuenta de que yo permanecí con él porque quería formar un hogar y tener una familia real y verdadera. Al igual que mi señora de Seattle no conseguía paz hasta que pude traer a mi hija y por ella fui determinada en ir a la escuela para aprender el inglés y algo más de computación. Me sentí realizada cuando obtuve trabajo como recepcionista en una universidad. Trabajo que permitió la educación de mi hija y permitió que yo tambobjén me graduara, ya que hoy poseo una maestría en educación y que no lo debo a nadie más que a Dios y a mi esfuerzo por superarme. Pero volvamos al relato que nos hace la señora de Seattle.

------Tengo que confesar que he dormido en el suelo a pesar de que me quede con el apartamento. El que fuera mi esposo se aprovecho de que yo no estaba en la casa, entrando en la misma, la vació dejándome más que una nota insultante y grosera. Llegué a tener tres trabajos para poder mantener la casa y el estilo de vida al que mi hija estaba acostumbrada y poco a poco fuí recuperándome tanto que hoy día me siento orgullosa de que mi hija terminó su carrera universitaria, tiene un empleo estable y afortunadamente ella conoció el amor, se casó recientemente y ha comenzado su familia la cual estoy segura que será solida.

------He estado viviendo sola desde que mi hija y su esposo se mudaron a Pennsylvania por razones de trabajo. Empecé a socializar nuevamente porque soy creyente de que un ser humano no es una isla para vivir solitariamente. Me gusta mucho bailar, ir a conciertos o a diferentes eventos en la comunidad y sucedió que conocí a un señor mexicano con el que sentí en un principio sería una relación duradera. Ambos estábamos solos, el tiene una hija y un nietecito que hizo amistad con mi hija lo cual me hizo feliz porque ella acepto que yo debía rehacer mi vida.

-----Cuando esta relación iba para el año, pensé en que pronto podría mudarme a vivir con esta persona pero, algo me detenía y el no precipitarme fue lo que nuevamente previnó que cayera en una relación destructiva. Esta segunda relación se terminó cuando me di cuenta de que mi "novio" también quería controlarme, me pidió que dejara de trabajar. Presentí que había algo detrás como si él se ocultara con un disfraz. Así fue el no estaba dispuesto a compartir mi cariño con nadie que no fuése él. Me dolió mucho porque pensé que al fin alguien me apreciaba y respetaba. Llegué al punto de pensar que yo había tenido la culpa de mis fracasos pero hoy comprendo que he sido víctima del destino por el cual se han cruzado hombres abusivos. Muchas veces lloré hasta el cansancio y me repetía una y otra vez, por qué a mí me pasan esas cosas pero aún con todas esas cosas negativas aprecié lo que tenía porque ahora sé, que hay muchas otras mujeres que han tenido peor suerte. La fe y la esperanza en Dios han sido más fuertes que todo y siempre he mantenido una actitud positiva. Tengo un empleo estable con una familia que me contrato como "Nani" de tres niños pequeños y de eso ya hace nueve años. Esta familia, me ha tratado muy bien, he criado a esos niños con mucho cariño a tal grado que, si me ausento ellos me extrañan y yo no podría ya verme lejos de ellos. Hubo momentos en que no podía sostenerme con un solo trabajo por lo que hube de buscar un segundo y hasta un tercer trabajo. Encontré que me gustaba la estética y aprendí rápido a aplicar tratamientos para caída de pelo en un establecimiento para caballeros tanto, que en la actualidad y en el tiempo libre y, si lo deseo porque ya no tengo necesidad económica lo hago prestando servicios a domicilio, porque gracias a que soy carismática mis clientes me consideran como su amiga. Con todo y todo me da alegría de estar en este país, aunque me costó muchas lagrimas, golpes y soledad, encontré la luz al final del túnel del cual pensé no poder salir. Ojalá que todas las mujeres que por una u otra razón han experimentado algo similar a mi situación, encuentren alguien que valorar la persona sin condición alguna. Hay que aprovechar las segundas oportunidad que Dios facilita y que no se echen a morir. Las posibilidades hay que retenerlas cuando se presentan. Yo me considero una buena hija, hermana, tía sobrina y sobre todo mamá y me siento bendecida por tener a mis padres aun vivos. Si he hecho sufrir a los que más quiero, ellos me han sabido perdonar. Ya no soy aquella jovencita a quien podían engañar y manipular. Estaba conforme aferrándome a mi trabajo, a mis amigos quienes al igual que yo gustan de la música y bailar, me identifico con la cantante mexicana Paquita la del barrio porque la letras de sus canciones las dedica a los hombres traicioneros que si parecen ratas de dos patas sigo soñando con el amor al escuchar la música romántica de Gilberto Santa Rosa. Pensé que pasaría disfrutando de estos sencillos placeres por el resto de mis días pero me equivoqué. Mi hija es de la opinión que debería quedarme sola, que ya no tenga ojos ni oídos para ningún hombre y se expresa de esta manera "ojala haya aprendido la lección y no vuelta a **meter con ningún viejo**. Aunque de alguna forma ella no está del todo errada, tampoco le doy completamente la razón porque no es que yo ande de "**cola floja**" acostándome con el que aparezca frente de mi y mucho menos. Creo tener suficiente camino recorrido en la vida y me estimo como persona y está claro que me respeto como mujer. Además que nadie me cuida o me ayuda económicamente, tengo, que ser muy cuidadosa con lo que hago y con quien me relaciono, Sorpresivamente algo sucedió que cambió mi vida por completo y ni yo misma me lo creía. Estoy viviendo una etapa de mi existencia que nunca pensé me daría tanta felicidad. Encontré un hombre que llena mis expectativas de respeto y amor. Este caballero me propuso matrimonio, lo acepté y hace muy poco que regresé de mi país donde celebramos la boda religiosa, aunque él tiene dos hijos de un matrimonio previo ni el ni yo habíamos contraído nupcias por la iglesia y para compensar a mis papãs y se sintieran orgullosos de que yo había logrado la felicidad, celebramos por todo lo alto y compartimos con familiares y amigos una experiencia inolvidable Estoy muy contenta y lo único que me resta decir y escribir es que una mujer vale no importe lugar o circunstancias sino vale que no dejen ir las segundas oportunidades. Asi se despide la señora de Seattle

# PEPITA A LA MERCED DE DIOS

Nunca voy a olvidar que conocí a Ofelia un trece de diciembre, día después de la festividad de Nuestra Señora de Guadalupe, fecha tan importante para mí. Pensaba yo en la divinidad de María y de repente alguien abre la puerta y me pregunta: **Puedo** pasar su merced?" es aquí dónde puedo aplicar para trabajo? Quede viendo fijamente a la señora que había dicho una expresión que solo a mi papá se la he escuchado. Yo sentí que ésta señora estaba muy necesitada al menos de que alguien la escuchara. Aunque mi trabajo es ayudar a jóvenes y no a adultos mayores sentí que lo aquella señora era diferente. A los cinco minutos de estar hablando con Ofelia ya me había relatado la situación difícil por la que estaba atravesando y lo único que quería era encontrar un trabajo. Me dijo que había venido a mi oficina recomendada por otra agencia comunitaria y yo tuve que llamar a la persona quien la había enviado para que me explicara mejor la situación. De pronto, sentí una extraña vibración, más bien como un escalofrió por todo el cuerpo. Condición similar también se había manifestado en una ocasión antes cuando estuve frente al Cardenal Rodríguez allá por el año dos mil dos en mi visita a Honduras. En ambas ocasiones como si fuése la presencia del espíritu santo. Conocer a Ofelia fue como una aparición, simplemente puedo compararla con la ocasión en que esperaba mi vuelo para a Honduras en el año dos mil dos y conocí a una señora que ya ni su nombre recuerdo pero, que me impresionó de tal manera como si hubiése sido una manifestación celestial. Tengo bien claro de que pocos creerán que la Virgen María se me pueda asomararse ante mí. Ciertamente ella no se me presentó impresa en un árbol o pared alguna como se cree que ella últimamente lo hace. En mi caso fue por medio de una mujer de carne y hueso. Ese año yo ayudé a organizar un viaje de estudiantes de Saint Peter's

College a Honduras. Mi hija quien me acompañó en ese viaje yo, partimos antes que el resto del grupo para poder concretar una visita al Cardenal hondureño Oscar Andrés Rodríguez a quién los estudiantes querían conocer. Durante meses estuve en comunicación con la oficina de él pero nunca me confirmaron si estaría disponible en las fechas que mis estudiantes estarían allá trabajando en una comunidad pobre ayudando a construir casas que se habían perdido por el devastador huracán "Mitch" que dejo a mi país completamente destruído. Yo estaba bien preocupada porque me había comprometido y hasta el dia veintiuno de Mayo fecha en que yo debía irme a Honduras no tenía definida una entrevista con el cardenal. Llegado el día de i viaje y en el aeropuerto una señora norteamericana (blanca y de ojos azules) se dirigió a mi hija y empezó a conversar con ella en perfecto español. Ella escucharía nuestra conversación cuando mencionamos el nombre de nuestro pais, a lo que expresó que también iba para Honduras (que grata casualidad pensé en mis adentros). Coincidimos en que viajábamos para Tegucigalpa también. Ella me preguntó si íbamos de vacaciones, yo le respondí con lujo de detalles la razón de nuestro viaje misionero. Ella pareció bastante interesada y seguimos hablando por mucho rato, al punto que yo mencione mi deseo de reunirme en persona con el Cardenal Rodríguez. La señora me miró fijamente y sonriendo me dijo:

---- ¡Yo conozco al Cardenal Rodríguez! Este viaje es para reportarle a él de mis gestiones en New York y New Jersey porque yo soy quien le asiste en sus asuntos en Estados Unidos, especialmente en todo el noreste. Mi corazón empezó a palpitar tan fuerte y seguro la expresión de mi cara hizo que la señora me dijera así sin preámbulos:

---Ven a la misa del domingo a las séis de la mañana y, cuando yo te indique te acercas a mí que yo te presentaré al Cardenal. No podía creerlo, dicho y hecho, por medio de ésta señora yo pude conocer al cardenal y mis estudiantes también. Compartieron tiempo con él en la universidad católica de Nuestra Señora Reina de la Paz. Para mí esta fue una manifestación clarísima de la misma madre de Dios.

Los recuerdos de mi experiencia se detuvieron en mi mente porque vi como Ofelia se desencantó cuando le dije que quizás yo no era la indicada para ayudarle. Su semblante cambió al mismo tiempo que me expresara que yo era su último recurso. Traté de obtener información de organizaciones que si podrían brindarle asistencia. Como aquella vez en el aeropuerto volví a sentir que la virgen se manifestaba en esta señora y comprendí que yo debía ayudarle sin recelo. Lo primero que me ensenó fueron sus documentos originales: tarjeta del seguro social, el pasaporte y su tarjeta de residencia. Le aconsejé que no debía mostrarlos a cualquier persona porque no toda la gente es buena alguien púdiese arrebatárselos, robarlos y ella se quedaría desprotegida; por lo que le saqué copia de todos los originales, se las acondicioné de modo que si le pedían información personal presentara esos copias y los originales los debía de guardar en un lugar seguro. Mi voz sonaría en tono de regaño que vi lagrimas asomarse en el rosto de Ofelia. Yo traté de explicarle que no era bueno confiar de primeras a primeras en desconocidos porque yo era eso para ella pero su mirada reflejaba inocencia y me causó ternura porque en realidad veía que ella no tenía la malicia que uno adquiere cuando vive en este pais y que es una realidad a la que todos nos tenemos que acostumbrar. Le asegure que no trataba de ofenderla y le repetí que no ensenara a nadie esos papeles.

La historia de Ofelia está llena de determinación, coraje y valentía, ingredientes que la hacen merecedora de ser mi próxima protagonista de "Quiero ser tu inspiración" y permitió que comenzara una bonita relación con esta señora. Sin demora les cuento lo que he venido descubriendo de ella y por su consentimiento, el relato será compartido integro como ella lo expresara porque está segura de que si, está encaminada a lograr la meta deseada que la hizo decidirse venir a este pais.


-----Como le iba diciendo mi hijo me trajo de Colombia hace unos meses. Yo ilusionada con verlo después de veinte años de ausencia. Durante el viaje en avión venían a mi mente pensamientos de cómo me iba a recibir mi hijo. Pensé en vos alta como practicando el abrazo, quizás me llenará de besos que yo respondería con todo mi amor. Tantas emociones y sentimientos encontrados que ni me di cuenta lo rápido del vuelo, el proceso de entrada que me tenía tan nerviosa por ser la primera vez que iba a mostrar mi "green card". Y pasar por una duana, recoger mi equipaje, etc., etc. y por lo emocionada que estaba que me Salí de la terminal pensando que el ya estaría esperando afuera y con un ramo de flores para darme la bienvenida. Si, recibí la sorpresa de mi vida ya que pasaron dos horas y no veía a mi hijo, no aparecía. Yo imaginaba ver el pick-up que él me había dicho poseer. Iban y venían muchos sin que él se apareciera en uno de ellos para recogerme del aeropuerto. Ofelia hizo una pausa, ya que parecía que sus fuerzas se debilitaban y es que ella no había comido por los pasados dos días pero, prosiguió diciéndome:

---Marque el teléfono de mi hijo, contestó y sentí que su voz no era la misma que había escuchado antes del viaje, me dijo que ya estaba en camino. En el momento que lo vi pensé que por la emoción de verme no sabía como demostrar su cariño pero no era así, lo único que me dijo:

---Hola mita (así me ha llamado siempre), vamos, rápido que aquí la vida no se detiene. Oír esas palabras de mi amado hijo, no eran precisamente en tono de bienvenida, por lo que sentí que mi corazón se me había partido. Sentí un dolor muy grande porque él estaba ignorando el que yo tenía mis brazos extendidos para darle un abrazo y la emoción se convirtió en frustración. El parecía estar muy enojado que ni me dio la oportunidad de robarle un beso y mucho menos estrecharle la mano. Pensé que mi hijo estaba de mal genio.... Esa fue mi primera sorpresa y las demás que vendrían. Al subirme a su carro no tuvo la delicadeza de ayudarme como se acostumbra en nuestros países y más siendo yo su madre, otra vez pensé: Acá en Estados Unidos no se usa ayudar a las damas a subir al auto. Comenzó a rodar el carro por esas autopistas de New York, vi edificios grandes y yo quería compartir con mi hijo el asombro que me causaba ver por primera vez tanta cosa nueva pero entre los dos había un silencio tan enorme que se rompió cuando él me dijera:

---Usted acá no es mi mamá, si la ayudé para que viniera a este país con papeles es para que trabaje conmigo en la construcción que es a lo que yo me dedico, OK? Sentí de nuevo que mi corazón se estremeció pero así y con todo revuelto por dentro pude responderle

--Bueno hijito, tranquilo, usted sabe que yo todavía me siento con fuerzas para trabajar y si es para ayudarle a usted, le voy a echar todas las ganas si para eso vine a este país. Trabajar para conseguir unos dolaritos. A mis sesenta y dos años no quiero ser ninguna carga ni para usted, ni para nadie, y añadí, dígame por qué esta de mal genio? yo esperaba que nuestro reencuentro iba a ser diferente, quizás un poco más cálido de su parte. Usted era más cariñoso allá en Colombia, de niño era muy amoroso conmigo. Acuérdese que siempre ocupo el primer lugar de mi corazón. A dónde quedó nuestra bonita relación de madre e hijo antes de venirse para este país?

El me respondió: ------El sistema de este país me ha cambiado, usted también cambiará ya lo verá….. y con esa aseveración, se estableció otro silencio entre los dos que era como una tortura y así continuamos. Yo miraba a distancia la ruta que seguía el carro, en mi mente comparaba el corazón de mi hijo con la dureza de los muros y paredes de esos grandes edificios de New York. Oh!! Dios mío sentía que me desmoronaba como la avena.

Llegue a casa de mi hijo un veintiséis de febrero del dos mil diez y en pleno invierno. El vivía con su esposa y mis dos nietecitos. Ese no parecía un hogar, se sentía aún más frío adentro que en la misma calle. El recibimiento por parte de mi nuera y mis dos nietos que veía por primera, vez fue más cálido que el de mi propio hijo. Esa primera noche no pude descansar. Sin demora a las cuatro de la mañana siguiente sentí que mi hijo se levantó por lo que también yo lo hice. Organicé mis pensamientos y mi persona tan pronto como pude porque la noche anterior él me había dicho que yo iría a trabajar con él. El entro al lugar que me habían dado para dormir a las cuatro y cuarenta y cinco apareciéndose ante mí como un tigre y sin decirme palabra alguna, me indicó que saliéramos a lo que sería mi primer día de trabajo. Ni siquiera me preguntó si quería o iba a tomar café o mucho menos comer desayuno. Yo no tenía idea de cómo estaban las cosas con mi nuera y la familia. Mi nuera hablaba poco pero me contó con angustia que la relación con mi hijo no era buena y que quizás ellos se separarían pronto. Yo esperaba que mi hijo me dijera su versión para poder comprenderlo mejor pero, él ni se dirigía a mí y mucho menos se preocupaba de ayudarme a integrarme a mi nuevo hogar. Ni siquiera me sacaba para conocer la ciudad a donde me había traido. Eso lo hicieron mi nuera y sus padres que gentilmente me llevaron a comer fuera y a enseñarme algunos sitios para de alguna forma darme la bienvenida a este país. Poco a poco comencé a notar los problemas de mi hijo y la separación era en serio. El no sólo descuido su hogar sino también percibí que no había nada espiritual en él. Todo se concentraba en empezar la jornada de trabajo a las cinco de la mañana y regresar a la casa a las diez de la noche todos los dias. Mi hijo tiene su pequeño negocio de construcción, me sentí orgullosa de que él supo llegar lejos que como inmigrante cumplió su cometido de superarse. El tenía empleados a quienes les veía errores y les trataba muy mal. De igual manera era su comportamiento en la casa y trataba a su esposa e hijos como si fuesen albañiles. Ni siquiera los saludaba, no me permitía a mi tener mucho roce con ellos tampoco ya que salíamos tan temprano y ellos dormían, cuando regresábamos ya se habían ido a descansar. Todo ello confirmaba que ahí ya no había hogar alguno, ni amor entre ellos que a pesar del dinero que veía yo mi hijo hacia no era lo que importaba a su esposa e hijos, lo primordial era el amor que no cabía ahí y significaban nada. Que pena todo se estaba derrumbando en esa casa. Lo único que parecía tener mi hijo eran las herramientas para trabajar pero que no le servían para mantener algo dentro de su corazón.

Hasta el dia sábado íbamos a trabajar. Cumplido un mes de haber llegado a este pais, sucedió que trabajando en casa de un señor filipino y en esta ocasión mi nietecito nos acompañaba. El niño y yo nos sentamos en la parte trasera de la camioneta. Pasados unos diez minutos mi hijo comenzó a decirme que le leyera lo que decían los anuncios a lo largo de la carretera por donde el conducía. Yo traté de leerlo pero resonaba mi acento en español y la manera como yo podía pronunciarlo, creyendo que era lo correcto. Mi hijo se enfureció y se irritó tanto porque yo no era capaz de pronunciar correctamente el inglés y por no saber lo que significaba los letreros. Decirme esto ante mi nieto me hizo sentir humillada, quería responderle a él para hacerlo feliz pero yo solo tenía un mes aquí, nunca estudié inglés antes y sus exigencias me abrumaron tanto que rompí en llanto y mi nieto con un grito inesperado al padre, le dijo que ella (se refería a mi) no sabe pronunciar este idioma y dicho eso me abrazo acariciándome la cabeza.

Repetidamente me dejaba con los empleados desde las seis de la mañana hasta las nueve de la noche. En otra ocasión fue en la casa de un judío donde hubo que levantar el piso para colocar un drenaje. Con esto quiero que se sepa que yo trabajaba para mi hijo como un empleado más de construcción. Yo salía temprano con él, me dejaba en el lugar de trabajo pero no me daba oportunidad ni de hacerme almuerzo o el no se preocupaba de si yo comía. Donde el señor judío estaba en una ciudad de nombre bogota, igual que la de mi querida

Colombia pero la zona era aislada, no había restaurantes cerca y no hubo manera de comprar comida porque tampoco yo tenía dinero, no habían dólares para comprar algo y calmar el hambre. Mi hijo llegó a recoger a los demás trabajadores y a mí a las nueve de la noche, nos preguntó si teníamos hambre y claro que todos contestamos que si. No dijo nada más hasta parar en un restaurante. Nos ordenó que entráramos rápido ya que había ordenado el por nosotros, no nos permitió ni ver el menú para que pidiéramos la comida a nuestro gusto. Se nos sirvieron unos platos llenos de comida que en realidad aunque había hambre, por el cansancio todos los otros trabajadores y yo opinábamos que ya esas no eran horas de comer tanta comida y que quizás nos enfermaríamos. Los demás trabajadores opinaron comernos la mitad y quizás llevar el resto para nuestras casas. Yo opine lo mismo pero mi hijo me reprendió diciendo que el a mi no me permitiría llevar comida a la casa. Se molestó tanto que ordenó que se llevaran mi comida, la cual ni había probado y me quede sin saborear ni siquiera un bocado. En cuanto a salario, había semanas que mi hijo me daba únicamente ciento diez dólares me obligaba a darle casi cien a su esposa aduciendo que yo tenía que aportar a los gastos de la casa. Era como si él quisiera lucirse ante su mujer a costa mías cuando yo necesitaba más de diez dólares diarios para mis necesidades básicas.

Pasados casi seis meses y llegó el tres de julio, fecha de cumpleaños de mi nieto. Mi hijo planeó que yo debía salir con el niño, llevarlo a comer y me dio ochenta dólares los que debía gastarlos única y exclusivamente en el niño y comprarle un juguete. Fuimos primero a comprar el regalo, cual fue mi sorpresa que en esoo gasté setenta y cinco dólares. Llamé a mi hijo para ver si me podía darme más dinero e ir a comer pero, su respuesta fue que yo me las arreglara con los otros cinco dólares que me sobrarían. Esto fue el colmo de los colmos, yo llegué en febrero y ya estábamos en el mes de julio, trabajando muco mas ahora, desde las cinco de la mañana hasta la diez de la noche y sentía horrible que él que se decía ser mi hijo ni siquiera tenía un gesto cariñoso para mí que soy su madre. Mucho menos se preocupaba de pagarme un salario digno por mis horas de tanto trabajo. Al yo comentarle eso me respondió: "Usted no ha pensado cuánto dinero gasté para traerla a este pais? Fueron quince mil dólares que me adeuda y de una u otra forma tiene que pagármelos.

Me mantuve callada pero en el mes de agosto todo empeoró hasta el punto en que dijo que nos tocaba irnos de esa casa. La iba a poner a la venta. Empezó a reparar ciertas cosas, incluidas unas escaleras que conducen al segundo piso, yo le ofrecí ayudarlo. En eso estábamos y me tocaba bajar muchas gradas para ir al sótano donde él me mandaba para buscar materiales que mantenía en un desorden completo y entre gritos por aquí hiciera las cosas que él me pedía rápidamente que confundiera los tornillos que se usan para madera y le di los que son para electricidad. Esa equivocación me costó su enfurecimiento. Yo estando en la parte de debajo de la escalera, vi como me lanzó el martillo y los tornillos que casi me pegan en la cabeza. Pude "capearlos" o sea, esquivarlos y con groserías me reclamaba que esos tornillos no eran los que él quería. No le bastó y vino hasta donde mí, tan cerca me tenía que pensé me iba a incrustar los mismos tornillos. En ese momento lloré y solo sirvió para que él tuviera otro arranque de cólera. El cogió mis lentes los cuales mantenía colgando en mi pecho cuando no los usaba y me los coloco bruscamente en la cara, sin yo entender el arrebato de mi hijo, me solté a llorar porque estaba aterrorizada. En ese instante tuve la corazonada de que debía irme de ahí. No lo había hecho porque pensé con dolor que él debía de estar sufriendo también y tenía la esperanza de que el cambiaría. Pensé también que podría ser mi culpa y me quedé en la casa porque albergaba la esperanza de que la situación mejoraría pronto. Corría el mes de agosto y la relación con mi hijo no cambiaba, seguíamos viviendo en la casa donde también estaban su esposa e hijos pero tampoco con ellos hubo cambio alguno. Ya no me llevaba a trabajar con él, entonces yo salía para conocer un poco más la ciudad y porque mi hijo me decía que su esposa no quería que nadie permaneciera en la casa cuando estuviera trabajando pero eso no era verdad. Me lo dijo esto para ocasionar fricciones entre la muchacha y yo. Todavía hoy no entiendo porque mi hijo hacía eso. Llegamos al mes de diciembre, exactamente era el día doce por la noche, me dijo que al día siguiente tenía que irme de la casa y buscar a donde vivir. Ya yo estaba cansada de la situación que le contesté asegurándole que al dia siguiente para su felicidad yo me iría. Asi lo hice y Salí a deambular por las calles sin un dólar y con mucho dolor por dentro de saber que había llegado a estas humillaciones. Caminé tanto durante el día. Llegó la noche y me di cuenta que estaba frente a una iglesia católica de nombre St. Aloysius. Hacia frio y pensé que ahí podía encontrar refugio. Pensé pasar la noche en un rinconcito pero fui sorprendida por el padre "Carlos". Le conté por lo que estaba atravesando y él me brindó una comida que era la primera en casi dos días. El padre me recomendó volver a la casa aunque era posible mi hijo no me recibiera. Sucedió así y tuve que dormir en la calle bajo bolsas plásticas como único abrigo. Fue tan triste tratar de comunicarme con gente conocida y amigos y nadie me contesto porque ya estábamos en la navidad y alguna gente habían viajado fuera de la ciudad por las fiestas. Era tanta mi desesperación y lo único que deseaba era encontrar un trabajo para poder sostenerme sola.

Esa noche que dormí en la calle pensé que nunca antes había sentido tanto frio, era diciembre y el frio de aquí es terrible, había entrado ese hielo a mi mente que perdí la noción del tiempo que se me hacía eterno. Lo único que podía hacer era llamar a Dios, hable con él, oré tanto, reflexioné, llorée y así fui quedándome dormida. Cuando amaneció fui a una oficina donde conocí a una señora de nombre María. Ella trabaja para una organización que ayuda a mujeres por violencia doméstica y luego fui referida a su agencia y aquí me tiene ante usted su merced.

Coincide el relato de Ofelia con lo que yo narraba al principio de esta historia. Fue una situación extraordinaria, pasar todo esto el día doce de diciembre ofrecido a la virgen de Guadalupe. No puedo explicar pero yo también me sentía deprimida ese dia y Dios permitió que nos encontráramos en el camino. No pretendo hacerme famosa diciendo que conocer a Ofelia fue una manifestación divina pero no tengo ninguna duda de que Dios tiene una misión para mí. Ofelia es parte de una misión que tengo que llevar a cabo. Desde el día trece de diciembre del dos mil diez Ofelia y yo hemos desarrollado una relación de amistad yasistencia. Procurar buscarle un techo donde vivir, un trabajo, clases de ingées y de computación. Asi como quien le ayudara a rendir la declaración de impuestos y de como aplicar a programas que posiblemente le ayuden a pagar un apartamento módico. Por mi trabajo me ha sido posible encontrarle lugares donde le ayuden pero no puedo tomar créditos para mí, cuando ha sido la determinación de Ofelia y el deseo de demostrarse asímismo que ella merece una vida mejor. En dos años Ofelia ha vivido en diferentes hogares donde le han permitido cambiar horas de trabajo como niñera por una habitación y comida y un pequeño salario. Esta mujer de sesenta y cuatro años logró pasar el examen de conducir y tiene su licencia de manejar y por lo que me contó, sus empleadores le han permitido conducir carros lujosos como mercedes y BMW lo que yo en casi treinta y cinco que tengo de manejar nunca he hecho y Ofelia me lo cuenta como de broma por sí le creo o no. Lo que si ella nunca ha tomado en broma es su determinación de aprender inglés. Se ha registrado en un centro comunitario y está avanzando de tal forma que ya aplicó para trabajar en un centro de cuidado infantil que le exige aprobar una serie de evaluaciones y pasar exámenes y así obtener una certificación y ser elegible para la licencia del estado. Todo esto parece ser un cuento pero es muy real ya que Ofelia se trazo metas que poco a poco las ha ido cumpliendo. Ha pasado mucho trabajo, físico y emocional. Sirve de voluntaria para la oficina del alcalde de la ciudad donde ahora mismo reside que le valió darse a conocer y obtener recomendaciones para aplicar al programa de vivienda módica. Tambien está tomando clases de computación porque sabe que es necesario si de pronto la emplean para desempeñarse como asistente de maestra de niños en un centro infantil.

No puedo dejar de mencionar que ha seguido sufriendo por la situación familiar. Su hija que vive en España se ha enfermado y ella no ha podido viajar a ese país. El hijo que vive en Colombia sufrió un secuestro. Ella tuvo que ir de emergencia porque pensó que su hijo había perecido pero fue liberado y está recuperándose. Ofelia se ha ganado el aprecio y reconocimiento de la gente que la rodea. En mi opinión muy personal, diré que sinceramente admiro a esa señora y estoy segura que conseguirá mucho más cuando porque su corazón es cristalino. Por ello no dudo de que ella si será la inspiración paraquien conozca de esta señora.

# COMO LAS MARIPOSAS

En uno de mis viajes a las Ruinas Mayas en Copán, Honduras, visité un santuario de mariposas donde por primera vez observé como se desarrolla la vida de una mariposa desde que es una larva, como evoluciona y cambia en las cuatro a seis semanas que pasan hasta que rompe y sale al mundo. Las mariposas son unas criaturas maravillosas que nos enseñan a apreciar la vida con cada una de las etapas que nos toca vivir. En primera instancia mi viaje a Copán y mi siguiente historia no tienen relación alguna. Si mencioné este pasaje es porque mi próxima protagonista cree que ella es como las mariposas.

Como si fuera un rompecabezas, la siguiente pieza que añadir es que una noche en que presentaba ante la asociacion de de padres de familia información acerca de cómo aplicar a la universidad, se acerco la presidente de ese grupo. Su nombre no fue lo que llamó mi atención sino que se identifico también como la coordinadora de la Biblioteca Criolla, dependencia del sistema bibliotecario de la ciudad y a la cual yo regularmente visitaba porque ahí podía obtener libros en español y era la misma a la cual yo recurrí recién llegada a la ciudad. Hicimos una buena conexión, más bien surgió química entre las dos. Desde ese instante ella y yo comenzamos proyectos literarios, culturales y poco a poco iniciamos una amistad que consecuentemente me llevóo a preguntarle si deseaba ser parte de "Quiero ser tu inspiración.

Ella procede del Ecuador y por ser uno de los países de la amazonia le encanta hablar del legado que sus padres en amar la naturaleza de su pais. Patricia misma me dijo:

------yo me siento como una mariposa, se ve tan frágil, pero es fuerte como una guerrera. La mariposa es susceptible en el medio ambiente que le toco vivir pero lucha tanto por mantener sus alas volando que se vuelve infàlible. Patricia está en la edad en la cual los cambios que dejan sentado el precedente de quiénes somos y ella quiere compartir su historia que servirá como ejemplo de determinación, paciencia, de luchas internas y emocionales. Experiencias que únicamente se viven en la universidad de la vida. Patricia y yo disfrutamos en hablar de la riqueza que nos brinda la literatura y fue como un "click" dentro de mí que me indico que tenía enfrente a un ser humano muy sensible y que al igual que yo estábamos pasado por situaciones especiales. Esta se convirtió en una amistad "intelectual" que ha ido creciendo por casi cinco años desde que hablé con ella por primera vez. Ella me permitió presentar en su biblioteca el primer libro que publiqué. Me ha dado muchas sugerencias y al comentarle de este proyecto de "Quiero ser tu inspiración" vi un brillo en sus ojos como dos mariposas que me indicaba que ella debía ser parte de mis personajes. Así que con sus propias palabras dejo que Patricia despliegue sus alas como mariposa y nos cuente lo que ella quiere compartir con todos nosotros.

-------Soy ecuatoriana y me crie en el Bronx, New York, como todos los hijos de inmigrantes, con muchas dificultades mis padres me criaron con la idea de que yo debía tener más y mejores oportunidades en este gran país y he tratado de que ellos sientan que sus esfuerzos han tenido frutos. Me gradué de la secundaria pero no ingresé a la universidad inmediatamente. Fui un tanto rebelde según mis padres opinan. Ellos esperaban que ésta su hija fuera una profesional exitosa pero no sabían que no tenía definida cual era mi vocación por lo que empecé a trabajar como asistente de maestra en una escuela secundaria para jovencitas pero, no era cualquier escuela porque educaba a muchachas que teniendo trece o catorce años ya estaban embarazadas e iban a ser madres solteras. En el primer piso del edificio funcionaba un "Day Care" para aquellas alumnas que regresaban a estudiar después de haber tenido a sus bebés. La maestra permanente del salón a donde me asignaron tenía más de veinte años enseñando por lo que ya estaba más que lista para retirarse. Me di cuenta que al pasar tantos años ensenando los educadores se cansan y no instruyen a los estudiantes con el entusiasmo que deberían. Esa maestra algunas veces tomaba una "siestecita" durante las horas de clase y, me indicaba a mí, desarrollar e implementar el curriculum como si fuése la maestra de planta. Yo sabía desempeñarme y me encantaba pararme frente a las alumnas por lo que decidí seguir en el campo de la educación. Decisión que debía ser bien pensada porque estaba ya casada mi esposo escuchaba mis quejas de que siendo yo una asistente de maestra solamente, me daban responsabilidades que no me correspondían y el salario no estaba a la altura de mis conocimientos o por no contar con el título de maestra. El fue de la opinión que parar esos reclamos, hiciera los cambios necesarios para yo sentirme satisfecha profesionalmente. Fue entonces que le comuniqué mi deseo de volver a la escuela a terminar una carrera y lo hice. Me encantó volver a las aulas, disfrutaba de esa nueva etapa, aunque yo era adulta, casada no tenía aun grandes responsabilidades como las que estaba experimentando en la universidad y por haber escogido la carrera de sicología con una sub-carrera en educación la presión era bastante para mí sola. Me gradué esperando ejercitar y practicar mis dos nuevas carreras, especialmente la de educación temprana certificada por la universidad de New Rochelle, New York. Al tener mi título me emplearon en otra escuela católica en el Bronx. Así empecé a sentir la pasión por educar. Me creía realizada como profesional porque fue en la época que se estaban introduciendo los laboratorios de computación en el sistema escolar. Yo impartía clase de computadora a jovencitos y esto me gustaba tanto que no pensaba más que en enseñar. A mucho orgullo fui una de las primeras educadoras en colaborar para crear un currículum en la enseñanza de computación. Asistí a adultos que estaban recibiendo ayuda del estado y no tenían conocimiento de tecnología. Estas personas necesitan tomar entrenamiento para volver al campo laboral.

Pensé que después de este gigantesco logro el siguiente paso era realizarme como mujer. Tarde algunos años de matrimonio intentando quedar embarazada ya que había algunos inconvenientes que yo debía sobrellevar. Fue tanta mi alegría cuando al fin me convertí en madre y por ende ocurrieron más cambios en mi vida.

Tuve mi hijito el que, desde su nacimiento hubo que cuidar porque tuvo algunos problemitas que exclusivameneo una madre con su cariño puede ayudar a resolverlo por lo que, decidí dejar de trabajar y dedicarme completamente a mi niño que debía recibir terapias. Al mismo tiempo mi esposo y yo decidimos cambiar de residencia. De New York fuimos a vivir a New Jersey. Me quedé en casa hasta que mi niño estuvo listo para ingresar al "kindergarten" y gracias a Dios el esfuerzo valió la pena. Entonces retomé mi profesión. Primero trabajé en una escuela católica con un salario muy bajo en comparación a lo que ganaba en New York y la responsabilidad era mucho más. Apliqué a la junta de educación del sistema escolar público pero sucedió que al volver a trabajar como maestra, ya mi vocación había cambiado y no me sentía cómoda enseñando. Soy una lectora empedernida por lo que empecé a visitar la biblioteca que está en mi vecindario y descubrí que me encantaba todo lo relacionado con el sistema bibliotecario.

    ----Al oír a Patricia, me siento como si fuése yo misma. Al igual que yo ella ama la lectura. Patricia sigue su relato y me dice:
    ----Asistía a la biblioteca casi a diario por lo que ya el personal me conocía, me identificaba con ellos y el ambiente que había en la biblioteca. Los empleados incluso mencionaban de la posibilidad de conseguir trabajo ahí mismo y me encantó la idea., por lo que apliqué primeramente como empleada a tiempo parcial. Me emplearon sin saber que yo tenía un bachillerato universitario porque yo no se los dije. Ganando el salario mínimo, mi trabajo consistía en ordenar los libros, contestar el teléfono, traducir del inglés al español o viceversa y hasta atender al público, especialmente latino que llegaba a la biblioteca buscando libros en español. Soy un persona inquieta, yo trataba de estar siempre ocupada buscando que hacer y si el trabajo se agotaba, les preguntaba a mis compañeros si podían enseñarme nuevas cosas para poder ayudarles más y eficientemente. Entre mis compañeros de trabajo había una chica la cual vio mi potencial y habló con el supervisor para que ella me entrenara del sistema bibliotecario computarizado para registrar los libros así como se hace hoy dia. Hubo alguna reserva porque la política de la biblioteca no permitía que los empleados de tiempo parcial usaran las computadoras pero fue tanta la insistencia que finalmente me enseñaron para organizar los libros y en un mes ya sabía todo el manejo de la biblioteca. A tal punto que mi supervisor decidió que le ayudara a organizar los libros existentes en la biblioteca escritos en español. Los estantes comenzaron a llenarse, así como el aumento de demanda de servicios bibliotecarios entre la población latina en el vecindario. Han pasado algunos años y me siento satisfecha de servir a mi comunidad como bibliotecaria. Los programas se han incrementado en tal forma que actualmente estamos ubicados en el cuarto piso del edificio principal ubicado en una área accesible y que contribuye a que siga implementando y organizando eventos y exhibiciones en el que participa toda clase de público. Mi

asistencia no es exclusiva para escritores, también otros artistas exponen en nuestro local. Se ofrecen también actividades como el rincón donde se lee a los niños, manualidades y las celebraciones de fechas importantes entre los hispanos. Afortunadamente hay respuesta del público y colaboración de agencias locales que contribuyen con dichos eventos.

-----Seguiré el recorrido de una mariposa, no sé cuánto tiempo tardare en desarrollar todos los talentos que poseo pero si estoy segura que seguiré buscando crecer tanto en mi vida profesional como en mi vida personal que atraviesa por diferentes ciclos que me enriquecen como mujer y como madre.

# CREER EN UNA FANTASIA

No puedo revelar la verdadera identidad de Larisa, considero prudente cambiar totalmente su identidad porque ella mantuvo una relación a alguien que contrajo problemas con la ley por narcotráfico. Ella fue testigo de eventos que no pidió presenciar pero, esta señora se ha llenado de coraje como una guerrera y me abrió su corazón que según sus palabras siente aliviado al contarme las experiencias vividas porque a veces cree su ser ha estado estrujado guardando con culpabilidad esas cosas que ella las denomina "malas cosas de mi vida"

Ser recepcionista es un trabajo fácil de hacer pero para Larisa representa dignificarse a si misma y probar de que ha podido levantarse poco a poco y salir de un túnel obscuro. Mi amiga Dalia también protagonista de lo que se quiere con el corazón, me recomendó entrevistar a Larissa pensé que sería fácil y rápido porque solamente tiene treinta y dos ñ que tanto puede haber vivido una muchacha que de primer impresión parece sin problemas pero, cuando comenzó a rodar la grabadora me di cuenta de que estaba enfrente de algo profundo y a lo cual debía poner toda mi atención.

Primero creo que debo enfatizar que Larisa la vida le ha impuesto una culpabilidad injustificada. Eso es lo que palpo al hablar con ella, este sentimiento sin razón que ha sido manipulado por su familia, que la ha hecho seguir por rumbos muy desviados que la han mantenido en un callejón sin salido convirtiéndose, en una pesada "ancla" o un "lastre" que no le ha permitido despojarse de culpas y ahora ella no sabe como romper el vínculo que la ata y que involucra a su hijas que ya son jóvenes adultas. Aunque hay un poco de confusión al comienzo de esta historia, dejaré que el relato de Larisa fluya en sus propias palabras.

Cuando quede embarazada a los dieciséis años, mi mamá me echó fuera de la casa, mejor dicho de su casa porque pensó que el padre de mi hijo debía hacerse cargo y tomar responsabilidad de mí, ya que si pudo embarazarme también podría responderme como hombre. Yo no tenía a donde ir por lo que mi novio me llevó a su casa. La familia de él permitio que yo me quedara en su casa pero hubo condiciones que tuve que aceptar porque me sentía avergonzada de haber tenido relaciones sexuales y no supe cuidarme. Además sin tener más que High School como iba a mantenerme era mi prioridad, no sabía hacer nada. Así, fue como pase a ser la sirvienta de la familia de mi novio. Tenían una casa inmensa, para mí era casi como un palacio, yo siempre viví con mi mamá en un apartamento muy reducido. El padre de mi novio es un negociante que maneja mucho dinero. Negocio de lavandería donde también por un tiempo fui a trabajar. Mi suegra en ese tiempo era una señora que posiblemente también cargaba con una culpa porque según se me ha contado ella destruyó el hogar de su hermana al enamorarse del esposo de ésta. Ella tenía ya sus hijos cuando se convirtió en amante de su cuñado y fueron capaces de dejar cada uno sus hogares para irse a vivir juntos. Creo que la mamá de mi novio nunca se perdonó el haber procedido de esa forma y desarrolló un resentimiento interno que transmitió consciente o inconscientemente a los que la rodeaban.

Quizá tratando de acallar ese pecado malcrió a sus hijos y las consecuencias rebotaron en mí. Ella nunca me consideró como la mujer de su hijo, me presentaba como la muchacha que iba a tener el bebé de su hijo y que ella estaba terminando de criar ya que yo era menor de edad.

---Para la familia yo no servía de mucho, más que para limpiar, lavar y cargar bolsas pesadas de basura y el único que mostraba algún interés en mí era mi suegro que aunque no era el padre biológico de mi novio, lo crió desde pequeño y por ende le consideraba su padre. Yo no entendía como era posible que mi suegro teniendo esta familia, también se relacionara con los hijos de su primer matrimonio y todos los hijos eran hermanastros y primos a la vez.

----Mi relación con mi novio no era lo perfecta que yo hubiera deseado. Quizás porque él veía que su madre no era ejemplo de responsabilidad digno a de seguir. El trabajaba con mi suegro y hacía dinero pero en verdad no era todo lo limpio que debiera y, como era de esperarse cayó en la cárcel. Yo tuve a una niña la cual comenzó una vida linda, una bebé con todas las comodidades pero que no tenía un padre responsable y estaba creciendo lejos de ella. Yo que por no tener otro lugar donde vivir había aceptado las humillaciones a que era expuesta ya que mi madre me aconsejaba que tenía que estar con mi marido. Según mi mamá la mujer debe ser fiel a su marido y soportar todo especialmente si hay hijos de por medio. Yo de estúpida e ignorante aceptaba todo, incluido el tener que visitar en la cárcel al papá de mi niña quien ya iba creciendo y pronto me preguntaría por qué su papá estaba encarcelado y yo sin saber que debía contestarle.

---El padre de mi hija purgó su condena y salió cuando la niña tenía alrededor de cinco años. El que estuviese libre trajo felicidad a mi espíritu, tuve la esperanza de que él hubiése cambiado para bien y que al fin formaríamos una familia, un hogar normal pero no fue así. Quedé embarazada de mi segunda hija pero él entonces, comenzó a tener otras novias por así decirlo y yo siempre sintiendo que era mi culpa porque no le ofrecía nada a él. Que idiotez, yo no provoque nada de eso, más bien fui una víctima por no tener el valor de dejarlo.

---El tiempo transcurría y como ya lo he mencionado mi suegro era el único que hacía notar mi presencia en aquella casa pero el también volvió a ser infiel y ésta vez se fue de la casa. Algo que mi suegra no pudo soportar y terminó cayendo en el alcoholismo. Yo ya no podía seguir viviendo con ellos.

Larisa no pudo contener el llanto, yo respeté la sensibilidad de esta protagonista y debí de esperar hasta pasar la crisis, seguimos y continúa diciéndome:

Como mujer me sentí chiquita y me preguntaba en mis adentros por qué las mujeres tenemos que aguantar que se nos trate como basura? y lo aceptemos, sólo porque no tenemos una preparación académica, porque en nuestra familia se nos ha dicho siempre que la mujer esta para tomar todo, sea bueno o sea malo. Nadie se da cuenta de que tenemos dignidad y la pisotean.

Recuperar la dignidad como ser humano y mujer ha sido un camino cuesta arriba. Debí mudarme de New York hacia New Jersey. Fue como si me hubiése pasado a otro mundo. Mis hijas y yo acostumbradas a vivir en New York, vimos la necesidad de cambiar nuestras vidas, empezar desde abajo con la incidencia de que ahora ya no era una muchachita.

Sin saber por dónde iniciar el camino y sin una guía real pensé por un momento en lo peor. Mis pensamientos cambiaron al ver a mis dos "muñecas" como les llamo a mis hijas supe que por ellas tenía que aprender a hacer algo. Aunque muchos no me creerán, yo no sabía de los servicios públicos a los que tenía derecho. Me refiero a lo que en ingées conocemos como "Welfare", la oficina donde me dieron cupones de comida, y me enviaron a recibir un entrenamiento para obtener trabajo.

Por esta agencia llegué a la organizacion donde conocí a Dalia Herrera". En esta institución se ayuda a hombres y mujeres que buscan empleo, les entrena con talleres, charlas y los orienta a buscar trabajo, les orienta con la entrevista pero el objetivo de ellos es vestirlos para esa entrevista dándoles la ropa necesaria y causar una buena impresión a un posible empleador. Yo que no tenía nada de formación profesional, al inscribirme para las clases que ahí me ofrecieron, se me permitio alcanzar un mundo nuevo, brillante que tenía enfrente de mí. Fue el final del túnel para mí y mis hijas, estaba decidida a no desperdiciar las buenas oportunidades que vinieran a mi vida. Yo estaba ocupada en aprender, que no me percate que los responsables de los entrenamientos habían visto mi dedicación y disciplina y me consideraron para hacer mis horas de voluntariado en la misma agencia. Durante unos meses estuve ayudando a clasificar la ropa que llega como donación de gente que cree que aquí su contribución ayudara a personas como yo. Iba avanzando poco a poco pero segura y lo más importante es que mi auto estima iba aumentando positivamente. Los demás lo notaban porque yo sonreía de nuevo, algo que casi había olvidado y debo admitir que me encantaba sentirme útil y expresar que me sentía bien con los demás y conmigo misma.

Fue tanta mi fe y esperanzas puestas en que lo que estaba haciendo que recibí la oferta de trabajar a tiempo parcial en la organizacion. Acepté sin vacilar, con la seguridad de que mejores tiempos estaban arribando a mi vida. Comencé en la recepción, contestando el teléfono, luego a recibir las donaciones y lidiar con la gente que viene en busca de los servicios de la agencia y después de tres años entre luchas y disgustos completé los cursos que me permitieron registrarme en la universidad comunitaria y que elevó mis aspiraciones hasta el cielo y ya estoy viendo cosechas de lo que planté con sacrificios. El llanto y la culpabilidad se estan disipando.

Por esa dedicación es que en el año dos mil doce y, como parte de la misión de la organizacion fui seleccionada para que la representara, desarrollando un proyecto que llame "Se puede con Corbata o sin

Corbata" Fue un plan de asistencia a hombres jóvenes que alguna veces no saben que la corbata es un accesorio tan importante para el buen vestir en el hombre. En dicho proyecto desarrollé actividades para enseñar a jóvenes a vestirse, a combinar ropa, a seleccionar un vestuario que impresione y no que decepcione. También este fue un prospecto dirigido a los hombres que han estado en la cárcel y que salen después de cumplir sus sentencias y necesitan actualizarse en lo que está pasando en su comunidad.

Ya han pasado algunos años desde que me separé del padre de mis hijas, el nos localizó y ha querido acercarse a las niñas. La grande ya nos convirtió en abuelos y creo que aunque no tengo cumplidos los cuarenta, hay muchas cosas buenas que aprender y que mis metas aunque lentamente estan encaminadas y alcanzaré un día ser la inspiración para mis hijas y tambien a mujeres que viven en una fantasía.

# PATRICIA LA REBELDE

En el verano del año dos mil siete mientras preparaba a mis estudiantes recién graduados de secundaria para su primer año en la universidad, conocí el programa. "Latino Promise" que significa "promesa Latina" propuesta para estudiantes de origen latino que califiquen para una beca universitaria y que no son fluentes en el idioma inglés. Iniciativa ideal para estudiantes que tienen que seguir aprendiendo el inglés podrán seguir en un programa bilingüe al menos, en su primer año de educación superior y en una universidad privada. Mi trabajo es precisamente buscar recursos e informar a mis estudiantes que es posible continuar estudios obteniendo una beca, en éste caso para aquellos de descendencia latina. Me satisfacía haber encontrado esta información porque estoy siempre buscando que mis estudiantes se beneficien de programas para su superación.

Llegué a las oficinas donde funciona el programa y esperaba reunirme con los directores y administradores pero, a quien conocí primero fue a una señora rubia despampanante quien se identificó como PATRICIA Esta señora muy amable parecía conocer tanto del programa que supuse era uno de los dirigentes pero no, ella era una de las primeras estudiantes que se beneficiara con lo que comenzó como un proyecto piloto. Casi de inmediato ella me dio un tour por el campo universitario y me condujo a las oficinas principales donde estaban los directores quienes me describieron lo que se ofrece a estudiantes que se registren en la universidad y como una alternativa para atraer a la población latina tanto adulta como recién graduada de la secundaria. Desde el primer momento hubo química con la señora Patricia y desde entonces sin considerarnos amigas íntimas, hemos consignado una relación que va desde colaboración profesional al plano personal.

-------- Esta historia empezó en su natal Guayaquil, Ecuador, llego a este pais en Abril del año mil novecientos ochenta y uno. A risa limpia me confiesa que se identifica por su carácter Rebelde e irreverente, que dice lo que siente y lo que piensa, porque recuerda que desde pequeña peleaba y protestaba por los más débiles, llegando a cambiar de escuela todos los años porque nunca estaba conforme ni seguía las reglas de disciplina de la institución. Según patricia le ha chocado que se cometan injusticias o la gente miente para lucrarse de las circunstancias. Nuestra primera incursión en la historia de Patricia fue así:

-------Recuerdo que desde el quinto grado mi madre decidió registrarla en una escuela católica con la esperanza de moldear mi carácter aún a pesar de ser buena estudiante mi conducta era cero, y todos los Domingos como se acostumbra en nuestros países tenía que ir a la misa sin entender la verdadera razón de asistir a misa todos los domingos, si en la escuela nos obligaban a ir todos los días también. En la misa dominical nos sentábamos en primera fila y un día le pregunté a mami por qué el cura terminaba borracho después de terminar la ceremonia, a lo cual mami respondía vagamente. Tiempo después yo misma saqué mis propias conclusiones. Otra anécdota es que en otro de los famosos colegios católicos que estuve la directora una monja llamada hermana Pura que de pura no tenía nada. Yo misma la vi como se besaba con su chofer. Esos fueron algunos ingredientes para que se creara este carácter que mucha gente no entiende. Quizás es irreverente ya que algunas veces actuo como la voz de aquellos que por temor no hablan, yo me encargo de hacerlo por ellos. En una ocasión hubo una protesta estudiantil y mamá nos tenía prohibido que nosotros participáramos. Mi hermano mayor se fue directo a la casa pero yo tenía que apoyar la causa de dicho evento y pelear por los derechos que ahí se exigían y decidí mezclarme con los participantes. Cuando llegué a la casa me dieron un buen castigo. Mi madre gracias a Dios todavía vive en Ecuador es una gran mujer. Con principios y moral dedicada enteramente al hogar y sus hijos. La admiro y la respeto por los valores que nos inculco pero desde que yo cumplí los diez años yo le decía a mami que nunca sería como ella una mujer sumisa y abnegada, Mi vida tiene muchos pasajes, ha habido momentos de bonanza y otros en los que he sufrido mucho. Ha habido personas importantes y otras que han estado conmigo muy superficialmente. Considero que mi madre ha sido una gran influencia pero no porque me haya enseñado todo lo que soy sino por lo que yo ví en ella.

---Mi mamá ha sido una mujer muy humilde, vi como fue víctima de violencia doméstica por parte de mi padrastro quien también ha sido alcohólico. Nunca en lo que va de mi vida he oído o visto que mi mamá se haya quejado de la suerte que le tocó y ha dejado que otros decidan por ella, eso forjó mi carácter rebelde. Yo no nací para agacharle la cabeza a nadie, sin embargo mantengo mis costumbres, soy estricta como madre y a pesar de mi rebeldía soy conservadora considero que unas nalgadas a un muchacho no le hace daño, a mí me dieron bastantes, castigos que no permitieron que yo no me desviara a usar drogas o alcohol que era el temor más grande de mi progenitora, No dejo de aprender todos los días. Me encanta comprar libros los cuales leo, especialmente si son de historia. Me gusta mucho visitar los museos, las exhibiciones, el teatro etc. Me gusta el arte en general.

Por eso hay muchas cosas también en las que no creo dice Patricia: Cómo es posible, que los padres quieran inculcarnos la religión y por tradición, tenemos que darnos golpe de pecho en la iglesia, cuando en nuestras casas nos damos de puños. Esto es algo que yo no he querido para mí y mis hijos. Pero a pesar de todo soy mujer de fe creo en Dios y en sus designios. En el camino de la vida Dios nos da muestra de que de su mano todo se puede y nos da mucha fortaleza.

Patricia recuerda que preguntaba y quería saber sobre todo lo que veía, de las personas que la rodeaban pero claro y como sucedía en los años de la década de los setena en Latino América, las mujeres no tenían ni voz ni voto la sumisión era único camino viable para subsistir.

Por los constantes desacuerdos entre mi familia y yo, colmé la paciencia de mi madre y padrastro que fue mejor para la familia darme en matrimonio siendo muy jovencita. Una adolecente casi que fui ofrecida a un hombre mucho mayor. Mis padres creyeron que la solución a mi rebeldía era casarme con un estudiante de una escuela militar superior, de buena familia pero que resulto ser un hombre golpeador, déspota y drogadicto al cual mi familia y por el que dirán trataron de ayudarlo. Igual utilizaron todos los medios para evitar que yo me divorciara pero ya en este país con leyes diferentes decidí salir de esta relación abusiva. Deseaba seguir estudiando y poco a poco independizarme aún cuando aquí mi padre me daba todo yo sentía que tenía que volar con mis propias alas e independizarme.

Patricia necesitaba iniciar una nueva vida en otro lugar y por gustarle el ambiente, se mudo al estado vecino de New Jersey. Viviendo en el condado de Passaic. e matriculo en el colegio comunitario y empezó a trabajar para independizarse económicamente aunque nunca le falto el apoyo de su papá ella, sabía que era necesario aprender a resolver su vida sin terceras personas.

---Algo que tengo bien claro es que mi mamá quien no concluyó sus estudios secundarios aprendió con las experiencias que la vida le traía. Igual creo yo, que no sólo importa tener una educación académica sino que la universidad de la vida te enseña como una persona va forjándose con el diario vivir. Mi vida está llena de dichos populares como el que "todo pasa por algo" "todo tiene una razón de ser", "no hay mal que dure cien años", etc. Por ello rehuso que haya abuso tanto por parte del hombre hacia la mujer y de la mujer hacia el hombre. Y que actualmente todavía la mujer se deje maltratar física y verbalmente.

----Mi nombre de pila es patricia García García, ya que mis padres compartían el mismo apellido. Actualmente todos me conocen como Patricia ya que después de dos matrimonios decidí conservar el apellido de mi último esposo ya que el proceso para volver a tu apellido de soltera es complicado.

------"Otro dicho de mi mamá es "Hay más dolor en la calle allá afuera del que tu tienes". Esto significa que siempre hay alguien que está en peores condiciones. Según las palabras de patricia:

---Fui una niña normal, con una vida placentera con comodidades sin embargo, la curiosidad me hizo ser peculiar a los ojos de mi familia. Pienso que la mujer hace al hombre y mi mamá no supo moldear al suyo. Un ejemplo es que ella debía tener la comida lista para cuando mi padrastro llegara quizás con amigos o su familia y mi mamá nunca se quejó de esto. Pienso que mi mamá era tan sumisa porque no terminó sus estudios, Cursó hasta tercer año de secundaria., pero para mí, ella vale más que cualquier profesional porque supo mantener el hogar y la familia unida aún con todo lo que la he criticado. En muchas formas sé que me parezco a mi madre porque pensamos similarmente. Sin embargo yo veo más allá que ella y no acepto que una persona tenga adicciones y que diga que no puede superar un vicio. Otra persona a la que tengo que mencionar es una tía, hermana de mi mamá quien apoyó mi venida a este país. Viví con ella un tiempo y luego con mi papá. El era un hombre de negocios, fue un pionero en establecer una flota de táxis gitanos en este país y siempre fue independiente. Siempre fui la niña de sus ojos aún a pesar de tener más hermanos siempre festejaba todo lo que yo hacía pero también era un hombre muy recto y consideraba que la mujer tenía que dedicarse a sus hijos y a su casa., Mi papáa y mi madrastra siempre me consintieron tengo muy buenos recuerdos de mi progenitor que falleció joven y conservo una buena relación con mi madrasta por lo buena y noble que se ganó la voluntad de mi hermano quien después que mi papá murió decidió que ella viviría con él y su familia en Miami.

.

------Después de un primer divorcio, la muerte de mi papá, comencé desde muy abajo, sin ningún hombre por cinco años pero conocí al papá de la que es mi hija, un cubano que no es el típico trabajador, más bien resulto ser un "vago". Lo dejé porque como te lo repito y sostengo, yo no nací para ser maltratada, este hombre no iba a ser la excepción.

------Empecé a trabajar en la compañía de papel higiénico y servilletas "Marcal', No tenía limitaciones económicas, mi papá llegó a comprarme dos carros y los mejores regalos los tuve de él. Aún conservo un abrigo de piel que en su momento costó varios miles de dólares. Vuelvo y te lo repito yo era la niña bonita de mi papá y yo muy orgullosa de ello que no aceptaba que él tuviera otros hijos. Para mí hermanos, sólo eran los hijos que mi mamá tuvo. Crecí así porque fue lo que se me inculcó. Al pasar de los años y con experiencias a cuestas fui cambiando y acepté a mis otros hermanos. Especialmente quise mucho a un hermano que se parecía a mi padre, con quien salía a bailar, era mi compañero y me dolió en el alma cuando el murió.

---Yo vi en sueños la muerte de mi hermano aunque suene ridículo, soñé su muerte y es que a pesar de que no lo divulgo porque la gente no cree en estas habilidades que un individuo tiene, yo te aseguro que sí se puede saber que algo va a pasar por medio de los sueños, sin embargo nadie me ponía atención. Cuando estaba esperando a mis hijos, yo soñé la forma en que mis hijos nacerían siendo partos muy dolorosos por los que me puse muy grave.

Hicimos una pausa porque veía como Patricia se llenaba de emoción al hablar de los hijos que tuvo en este país y la difícil experiencia de ser madre y padre. Por un instante sentí que había enojo o resentimiento en la voz de Patricia pero es que lo que ella estaba por contarme era también algo insólito que la marco para siempre.

Después de trabajar en la compañía Marcal mi segundo trabajo fue en la oficina de correos en el departamento de computadoras trabajé cerca de dos años pero ese carácter independiente y el ejemplo de negociante que heredéde mi padre, decidí abrir una oficina de relaciones publicas" Metropolitan Media Marketing Services" y empecé a hacer negocio con los mejores medios en comunicación hispana. Tengo que decir que en los negocios he sido una mujer de suerte y emprendedora me iba muy bien pero después de tantos años sola y las huellas emocionales iban sanando al punto que me permití iniciar una relación nueva. Conocí al que sería mi segundo esposo, un hombre interesante y hábil, muy conversador y también negociante. Iniciamos una relación primero de trabajo, su negocio era la venta de juguetes. El vio que yo era una mujer independiente, y capaz para negociar con los clientes y que no tenía miedo de enfrentarme a las vicisitudes que logró convencerme a cerrar mi propio negocio y el dinero que tenía lo invertí en su empresa.

El matrimonio parecía funcionar normalmente pero en la realidad es que el esposo de Patricia tenía una doble vida.

-----Al principio todo parecía normal en la relación solo que en el tercer año de estar casados ya yo no sentía que él me quería como me lo dijo al principio de la relación y por lo cual yo me enamoré perdidamente de él. La empresa alcanzó ingresos altos y se perfilaba como sólida administración tan es así que cuando yo invierto mi dinero en éste negocio únicamente existían sesenta clientes y al año ya habían más de doscientos clientes, empezamos a hacer transacciones con China, Hong Kong, México. Yo viajaba, el viajaba por lo que no teníamos mucho contacto lo cual empezó a molestarme porque yo lo necesitaba tanto como socio y compañero y como mi hombre. Contra todo lo que mi esposo enfrentó no pudo más y salió del closet o sea que él era homosexual.

------Aunque tenía hijos de una relación anterior, no significaba que me cumpliera a mí como hombre. Los hijos de él vivian conmigo pero cuando la relación se volvió un desastre y el resultado fue el divorcio, ellos se fueron de mi casa. Todo lo que habíamos construido juntos se vino abajo y hasta el negocio cambió ya que él sacaba los juguetes, me trataba mal y no le bastó con eso sino que la casa donde vivíamos después del divorcio también se perdió por mal trabajo de mis abogados. El divorcio fue frustrante porque yo no tenía un buen abogado que peleara por mis derechos. Todas las posesiones debían dividirse.. Así lo hice y pensé que los papeles estaban en regla pero lo repito, mis abogados nunca registraron la casa a nombre mío. Después de un añ del divorcio la casa seguía a nombre de mi ex esposo y por más que lloré, le pelié y sufrí, de nada sirvió y nunca hubo un arreglo a mi favor. Esto fue una tremenda negligencia legal y al final se perdió la propiedad sin ninguna razón lógica. Por más que intenté salvarla para mí, no fue posible, el abogado que me representaba me fallo. Asi fue como tuve que malvender todo lo que tenía, perdí hasta mis carros y he tenido que andar como gitana de un lado a otro. Hasta el negocio de juguetes paso a manos de mi ex esposo.

--Me quedé peor de cómo había estado al venir a este país. Solo tenía a mis hijos mi experiencia en los negocios y unas grandes ganas de volver alzar el vuelo como el ave fénix. La satisfacción y lo orgullosa que estoy es de saber la calidad de ser humano que soy que aún después de haber pasado por tanto sigo mi camino hacia el éxito. Volví a lo que es lo mío el periodismo y las relaciones publicas. Sigo siendo una empresaria exitosa y noble. No le guardo rencor a nadie porque en ésta vida todos estamos de paso, lo económico se queda cuando nos vamos y es mejor dejar una huella buena en este mundo que espuelas en el camino. Considero que todavía me falta mucho por hacer como ser humano. Profesionalmente pertenezco a muchas de las buenas organizaciones que me han apoyado y actualmente dedico mi tiempo libre a dos fundaciones sin fines de lucro que ayudan a los niños y jóvenes y, mientras tenga vida seguiré siendo la voz de aquéllos que no pueden hablar por diferentes razones. Hay algo que los jóvenes deben saber es que esa juventud un día se acaba y lo que nos queda son nuestros conocimientos. El estudiar no sólo te educa sino que es esa luz al final del camino y todo lo que uno quiere se puede lograr.

-----Quiero que se me recuerde así "Rebelde", irreverente pero luchadora emprendedora y noble como una persona única. Que mis hijos y nietos cuando miren una foto mía digan con orgullo esa era mi madre, esa era mi abuela, esa era mi hermana dejar una huella en este mundo, un bonito ejemplo porque quiero inspirar a esas mujeres que como yo son rebeldes al fracaso.